COLLECTION
FOLIO/HISTOIRE

Georges Duby

L'An Mil

Gallimard

Cet ouvrage a originellement paru dans la collection Archives dirigée par Pierre Nora et Jacques Revel.

Les témoins

I

CONNAISSANCE DE L'AN MIL

Un peuple terrorisé par l'imminence de la fin du monde : dans l'esprit de bien des hommes de culture, cette image de l'An Mil demeure encore vivante aujourd'hui, malgré ce qu'ont écrit pour la détruire Marc Bloch, Henri Focillon ou Edmond Pognon. Ce qui prouve que, dans la conscience collective, les schémas millénaristes n'ont point à notre époque perdu tout à fait leur puissance de séduction. Ce mirage historique prit donc place fort aisément dans un univers mental tout disposé à l'accueillir. L'histoire romantique l'héritait des quelques historiens et archéologues qui avaient entrepris, au XVIIe et au XVIIIe siècle, l'exploration scientifique du Moyen Age, de cette époque obscure, asservie, mère de toutes les superstitions gothiques que commençaient alors à dissiper les Lumières. Et c'est bien, en fait, à la fin du XVe siècle, dans les triomphes du nouvel humanisme, qu'apparaît la première description connue des terreurs de l'An Mil. Elle répond au mépris que professait la jeune culture d'Occident à l'égard des siècles sombres et frustes dont elle sortait, qu'elle reniait pour regarder, par-delà ce gouffre barbare, vers l'Antiquité, son modèle. Au centre des ténèbres médiévales, l'An Mil, antithèse de la Renaissance, offrait le spectacle de la mort et de la prosternation stupide.

Une telle représentation tire une grande partie de sa force de tous les obstacles qui interdisent de voir clairement ce moment de l'histoire européenne. C'est à peine, en effet, si l'année qui fut la millième de l'incarnation du Christ, selon les calculs — inexacts — de Denys le Petit, possède une existence, tant le réseau des témoignages sur quoi se fonde la connaissance historique est lâche. Si bien que pour atteindre ce point chronologique — et pour constituer le dossier qui se trouve ici présenté — force est d'élargir de manière substantielle le champ d'observation et de considérer la zone d'un peu plus d'un demi-siècle qui entoure l'An Mil, entre les environs de 980 et ceux de 1040.

Encore la vision demeure-t-elle fort peu distincte. Car l'Europe d'alors sortait d'une très profonde dépression. Les incursions de petites bandes pillardes venues du Nord, de l'Est et du Midi avaient réprimé les premiers élans de croissance qui s'étaient développés timidement à l'époque carolingienne, provoqué un retour offensif de la sauvagerie, et endommagé, notamment, les édifices culturels que les Empereurs du IXe siècle s'étaient acharnés à construire. Limité aux sommets de la société ecclésiastique, le milieu des lettrés fut si malmené après 860, que l'usage de l'écriture, déjà fort restreint, se perdit presque entièrement. Pour cela, l'Occident du Xe siècle, ce pays de forêts, de tribus, de sorcellerie, de roitelets qui se

*haïssent et se trahissent, sortit à peu près de l'histoire
et laissa moins de traces de son passé que ne le fit sans
doute l'Afrique centrale du XIXe siècle, qui lui ressemble tant. Certes, pour la génération qui précède l'An
Mil, le gros du danger et de l'infortune est passé ; des
pirates normands viendront encore capturer des prin-
cesses en Aquitaine pour les mettre à rançon, et l'on
verra les armées sarrasines assiéger Narbonne ; c'en
est fini cependant des grandes bousculades, et l'on
sent que déjà s'est mis en marche le progrès lent et
continu dont le mouvement n'a point cessé d'entraîner
depuis lors les pays de l'Europe occidentale. Aussitôt
se manifeste un réveil de la culture, une résurgence de
l'écrit ; aussitôt les documents reparaissent. L'histoire de l'An Mil est donc possible. Mais c'est celle
d'une première enfance : elle balbutie, elle fabule.*

L'ARCHÉOLOGIE

*A vrai dire l'historien n'utilise pas seulement des
textes, et tout ce que recueille à son usage l'archéologie peut l'éclairer singulièrement. L'exemple de la
Pologne lui montre ce qu'il est en droit d'attendre
d'une recherche attentive de tous les vestiges de la vie
matérielle, de l'exploration des sépultures et des fonds
de cabanes, de l'analyse des résidus d'une occupation ancienne que conservent le paysage ou la topony-
mie d'aujourd'hui. Des fouilles récentes lui ont en
effet dévoilé ce que furent dans les plaines polonaises
les « villes » de l'An Mil, ces levées de bois et de terre
enserrant dans des enceintes accolées le palais du
prince et de ses guerriers, la cathédrale toute neuve et*

le bourg des artisans domestiques. A vrai dire cependant, les archéologues polonais, tchèques, hongrois ou scandinaves, stimulés par l'absence presque totale de textes concernant cette période de leur histoire nationale, et contraints d'utiliser pour la bâtir d'autres matériaux, se situent tout à fait à l'avant-garde d'une archéologie de la vie quotidienne. En France, celle-ci en est encore à expérimenter ses techniques. Pour la plus grande part de l'Europe, ce que l'on sait du début du XIe siècle vient donc des sources écrites. Ce livre entend présenter et commenter quelques-uns d'entre eux, choisis dans un fonds documentaire qui, même dans les pays français pourtant placés en ce temps-là à la pointe du renouveau culturel, apparaît singulièrement restreint.

LES CHARTES

Des quelque soixante années qui encadrent l'An Mil date une certaine quantité de textes qui ne prétendaient pas raconter des événements, mais qui servaient à établir des droits. Ce sont des diplômes notifiant des décisions royales, des chartes ou des notices qui concernent presque toutes des transferts de possessions. Rares encore en Angleterre et dans le nord de la Germanie, de tels actes sont dans les archives de France, d'Italie et de l'Allemagne du Sud, beaucoup plus nombreux que les titres analogues datant du Xe siècle ou même de l'époque carolingienne. Aucune période antérieure de l'histoire européenne n'en livre autant. Non point que les rédacteurs aient été à ce moment très actifs. Ils l'étaient peut-être

*moins qu'au IXe siècle, certainement moins qu'au Ve.
Mais d'une part, ils employaient un matériau, le
parchemin, beaucoup plus solide et durable que le
papyrus du haut Moyen Age; ces écrits, d'autre part
et surtout, ont été conservés avec plus de soin. Ils
possédaient une valeur essentielle en effet aux yeux
des moines et des clercs en un temps où nombre
d'établissements religieux étaient en pleine réforme,
devaient par conséquent asseoir leur restauration sur
la remise en ordre systématique de leur fortune et
conservaient précieusement pour cela tous les écrits
garantissant leurs prérogatives, les diplômes et les
privilèges royaux, les chartes de donations, les
accords passés avec les puissances rivales. L'écriture
en effet n'était pas sans utilité dans les contestations
judiciaires. Certes, hormis les gens d'Eglise, personne
en ce temps ne savait lire. Mais dans les assemblées où
les monastères et les évêchés venaient plaider contre
les usurpateurs de leurs possessions, les chefs de
bande et leurs cavaliers n'osaient pas mépriser trop
ouvertement des parchemins, que leurs yeux pouvaient voir ici et là marqués du signe de la croix, et où
les hommes capables de les déchiffrer trouvaient la
mémoire précise des transactions anciennes et le nom
des hommes qui en avaient été les témoins. De cette
époque datent les premières archives, qui toutes sont
ecclésiastiques, et ces cartulaires où les scribes de
l'Eglise recopiaient en les classant les multiples titres
isolés tenus dans l'armoire aux chartes.*

*Ces collections ont, au cours des temps, beaucoup
souffert. Mais certaines sont presque intactes en Italie
et en Allemagne; beaucoup en France ont fait l'objet*

*de transcriptions systématiques avant la longue incu-
rie du XVIIIe siècle et les dispersions de la période
révolutionnaire qui leur causèrent grand dommage.
Des archives de l'abbaye de Cluny, par exemple, ont
été sauvées pour la période qui nous occupe, plus de
mille quatre cents chartes et notices (comme beaucoup d'entre elles ne furent pas datées avec précision,
un dénombrement exact est impossible). Ces écrits
procurent des témoignages irremplaçables. Sans eux,
on ne saurait presque rien des conditions économi-
ques, sociales et juridiques; ils permettent d'entrevoir
comment s'établissait la hiérarchie des statuts personnels, comment se nouaient les liens de la vassalité,
comment évoluaient les patrimoines, et ils jettent de
rares lueurs sur l'exploitation des grandes fortunes
foncières. Mais les documents de ce type ne sont utiles
que s'ils sont denses. C'est seulement en rassemblant
en gerbe les indications laconiques que chacun d'eux
contient que l'on peut, pour quelques régions privilé-
giées, dans l'environnement des établissements religieux les plus rayonnants de l'époque, tenter de s'en
servir pour reconstituer, non sans hésitations, et non
sans énormes lacunes, le réseau des relations
humaines. En revanche, isolée, chacune de ces
chartes ne dit rien, ou presque. Car les scribes d'avant
le milieu du XIe siècle demeuraient pour la plupart
prisonniers d'un formulaire ancien, mal adapté aux
innovations du temps présent; sous leur plume, ce qui
fait la modernité de leur époque demeure masqué par
des vocables surannés et par les cadres sclérosés de
l'expression. Le grand bouleversement des relations
politiques et sociales dont la période qui s'ordonne
autour de l'An Mil fut le lieu, cette véritable révolu-*

tion, plus précoce dans les pays français, qui fait apparaître et installe pour des siècles les structures que nous appelons féodales, étaient en effet trop récents, trop actuels pour retentir déjà sur les termes rituels de l'écriture juridique, la plus figée de toutes, la plus lente à se prêter à l'expression de la nouveauté. Aussi, pour extraire de telles sources tout leur enseignement, faut-il les traiter par liasses épaisses, par séries. Séparé de ceux qui le précèdent, l'entourent et le suivent, aucun de ces actes ne livre les richesses que révèlent à la première lecture les écrits littéraires.

Ceux-ci, du temps où les historiens ne s'occupaient guère que des rois, des princes, des batailles et de la politique, fournissaient aux érudits l'essentiel de leur pâture. En revanche, ils furent négligés dès que l'examen de l'économique et du social devint le but principal de la recherche historique. On ne s'en occupait guère encore il y a dix ans. Mais voici que les curiosités les plus neuves, l'effort pour restituer ce que furent dans le passé les attitudes psychologiques, les font de nouveau tenir pour une source essentielle. Ce sont donc ces textes que veut mettre en évidence ce recueil, délibérément orienté vers l'histoire des mentalités.

II

LES NARRATEURS

ŒUVRES LITTÉRAIRES

Pauvre littérature. La seule écrite était latine. Elle se forgeait dans le petit cercle des lettrés et pour leur seul usage. Des liens étroits l'unissaient aux institutions scolaires; pour cette raison, elle se rattache directement à la renaissance carolingienne; on la voit fleurir, la tourmente passée, sur la mince tige que les pédagogues amis de Charlemagne avaient plantée, à la fin du VIIIe siècle, dans la barbarie franque. Comme toutes les œuvres composées au temps de Louis le Pieux et de Charles le Chauve, celles de l'An Mil se montrent fascinées par les modèles de l'antiquité latine et s'appliquent studieusement à les imiter. Ce qui nous en est resté relève donc des genres pratiqués dans les lettres romaines et manifeste d'étroites ressemblances avec les auctores, les « autorités » que conservaient les bibliothèques de l'An Mil et que commentaient les maîtres. C'est bien le cas de presque tous les ouvrages dont j'ai groupé ici des extraits — du poème, dédié au roi de France Robert le Pieux, qu'écrivit à la fin de sa vie, vers 1030, l'évêque *de Laon Adalbéron, vieil intrigant étroitement mêlé, comme l'avaient été les prélats carolingiens, à la politique royale, — des lettres que Gerbert, le pape de l'An Mil, écrivit et édita en songeant à Pline et à Cicéron — enfin, de toutes les biographies de personnages sacrés, rois, saints ou abbés, qui s'inspirent de la littérature panégyrique antique, et notamment de l'*Epitoma vitae regis Roberti pii, la vie du roi Robert, que Helgaud, moine de Saint-Benoît-sur-Loire, rédigea entre 1031 et 1041. Quant aux œuvres proprement historiques, elles méritent un examen plus attentif.*

ÉCRIRE L'HISTOIRE

Elles sont relativement fort abondantes. Au temps de la renaissance carolingienne, qui introduisit toute la culture écrite dans un cadre strictement ecclésiastique, le souci de prolonger la tradition romaine et de suivre les traces de Tive-Live ou de Tacite avait été, en effet, fortement stimulé par une autre attitude intellectuelle, le sens de la durée inhérent à la religion chrétienne. Car le christianisme sacralise l'histoire; il la transforme en théophanie. Dans les monastères, qui furent les principaux foyers culturels à l'époque de Charlemagne et qui le redevinrent en l'An Mil, la pratique de l'histoire s'intégrait tout naturellement aux exercices religieux. Et lorsque des réformateurs soucieux d'ascétisme et qui pourchassaient jusque dans les exercices de l'esprit toutes les occasions de plaisir, engagèrent les moines à ne plus fréquenter les lettres païennes, les historiens demeurèrent à peu près *seuls, parmi les auteurs profanes, à échapper à leur suspicion. On connaît, pour une année située vers le milieu du xie siècle, les livres distribués aux moines de Cluny pour leurs lectures de Carême : dans la proportion d'un sur dix, les membres de la communauté reçurent des ouvrages historiques, la plupart chrétiens : Bède le Vénérable, Orose, Josèphe, mais païens également, tel Tite-Live. On considérait que les textes contenant la mémoire du passé pouvaient de deux manières aider à ce grand œuvre dont les abbayes étaient alors les ateliers, à la construction du royaume de Dieu. Ils offraient en effet d'abord des exemples moraux ; ils pouvaient donc guider le chrétien dans sa progression spirituelle, le mettre en garde contre les dangers, et l'orienter dans les voies droites ; ils édifiaient. D'autre part et surtout, ils portaient témoignage de la toute-puissance de Dieu qui, depuis l'Incarnation, s'était lui-même inséré dans la durée historique ; en célébrant les actes des hommes qu'avait inspirés le Saint-Esprit, ils manifestaient la gloire divine.*

Dans le prologue de son livre Des Merveilles, *écrit vers 1140, l'abbé de Cluny, Pierre le Vénérable, définit ainsi les mérites de l'œuvre historique et son utilité :* Bonnes ou mauvaises, toutes les actions qui se produisent dans le monde, par la volonté ou par la permission de Dieu, doivent servir à la gloire et à l'édification de l'Eglise. Mais si on ne les connaît pas, comment peuvent-elles contribuer à louer Dieu et à édifier l'Eglise ? *Ecrire l'histoire est donc une œuvre nécessaire, intimement associée à la liturgie ; par vocation, il revient au moine d'en être le principal artisan ; il faut l'exciter à se mettre à l'ouvrage, et*

Pierre le Vénérable poursuit ainsi son exhortation :
L'apathie qui se replie sur la stérilité du silence est
devenue telle que tout ce qui s'est produit depuis
quatre ou cinq cents ans dans l'Eglise de Dieu ou
dans les royaumes de la chrétienté nous est, comme
à chacun, presque inconnu. Entre notre époque et
les époques qui l'ont précédée la différence est telle
que nous connaissons parfaitement des événements
qui remontent à cinq cents ou à mille ans en arrière,
alors que nous ignorons les faits ultérieurs, et ceux
même qui ont eu lieu de nos jours.

*Lorsque, cent ans plus tôt, Raoul Glaber, le
meilleur historien de l'An Mil, dédiait son ouvrage à
un autre abbé de Cluny, Odilon, il ne disait pas autre
chose :*

Les très justes plaintes que j'ai souvent entendu
exprimer par nos frères d'étude, et quelquefois par
vous-même, m'ont touché : de nos jours, il n'est
personne pour transmettre à ceux qui viendront
après nous un récit quelconque de ces multiples
faits, nullement négligeables, qui se manifestent tant
au sein des églises de Dieu que parmi les peuples. Le
Sauveur a déclaré que, jusqu'à la dernière heure du
dernier jour il ferait arriver du nouveau dans le
monde avec l'aide du Saint Esprit et avec son Père.
En près de deux cents ans, depuis Bède, prêtre en
Grande-Bretagne, et Paul, diacre en Italie, il ne s'est
trouvé personne qui, animé d'un tel dessein, ait
laissé à la postérité le moindre écrit historique.
Chacun d'eux, d'ailleurs, a fait seulement l'histoire
de son propre peuple, ou de son pays. Alors que, de
toute évidence, aussi bien dans le monde romain que

dans les régions d'outre-mer ou barbares, il s'est passé quantité de choses qui, confiées à la mémoire, seraient fort profitables aux hommes et les engageraient tout particulièrement à la prudence. Et l'on peut en dire au moins autant des faits qui, dit-on, se sont multipliés aux environs de la millième année du Christ notre Sauveur. Voici pourquoi, dans la mesure de mes moyens, j'obéis à votre recommandation et à la volonté de nos frères[1].

En ce temps, il existait quatre genres d'écrits historiques :

1° *Les* Annales, *d'abord, où l'on notait année par année les principaux événements connus. Cette forme avait été brillamment pratiquée dans les monastères carolingiens. Il n'en reste plus en l'An Mil que des résidus, de plus en plus maigres. Dans le manuscrit des* Annales Floriacensis, *tenu à l'abbaye de Fleury, c'est-à-dire de Saint-Benoît-sur-Loire, sept années seulement, après l'An Mil, font l'objet d'une notation, 1003, 1004, 1017, 1025, 1026, 1028, 1058-1060[2]. Les* Annales Beneventani[3] *furent poursuivies, à Sainte-Sophie de Bénévent, jusqu'en 1130; alors que les* Annales Viridunenses[4], *du monastère de Saint-Michel de Verdun, s'interrompirent après 1034.*

2° *Les* Chroniques *sont des annales reprises, élaborées par un auteur, qui en fait un ouvrage littéraire. A l'époque qui nous occupe, trois œuvres de cette sorte ont de l'importance.*

a) *Le* Chronicon Novaliciense[5] *fut composé avant 1050 dans l'abbaye de Novalaise, située sur l'un des grands passages des Alpes et qui, détruite par les Sarrasins, avait été restaurée vers l'An Mil.*

b) *On doit huit livres de* Chroniques [6] *à l'évêque Thietmar de Mersebourg. Né en 976 d'un comte saxon, cet homme est l'un des meilleurs représentants de la floraison culturelle que connut la Saxe, l'une des contrées jusqu'alors les plus sauvages de l'Europe, lorsque ses princes, dans le cours du Xe siècle, accédèrent à la royauté germanique, puis à l'Empire. Dans leurs châteaux, ils érigèrent des évêchés (tel Mersebourg fondé en 968) et des monastères qui furent le lieu d'une nouvelle* renovatio, *d'une résurgence de la renaissance carolingienne. Eduqué dans le monastère Saint-Jean de Magdebourg, Thietmar devint prêtre en 1003, s'attacha à l'archevêque du lieu, grâce auquel en 1009 il devint évêque. Il écrivit à la fin de sa vie ses* Chroniques, *qu'il put conduire jusqu'en 1008.*

c) *Adémar de Chabannes, comme Thietmar, fut d'abord moine, puis accéda au sacerdoce et s'agrégea à un cercle épiscopal. Né vers 988, dans une branche latérale d'un grand lignage de la noblesse limousine, on l'avait offert tout jeune à l'abbaye Saint-Cybard d'Angoulême. Mais deux de ses oncles occupaient de hautes dignités dans le monastère de Limoges, où l'on vénérait le tombeau de Saint-Martial, le saint tutélaire de l'Aquitaine. Ils attirèrent Adémard dans ce très important centre culturel, où il fut formé aux belles lettres. Revenu dans Angoulême, parmi les prêtres attachés à la cathédrale, il écrivit. Sa* Chronique [7] *est très ample, et prend l'allure d'une véritable histoire,* celle du peuple Franc tout entier. *En vérité, les deux premiers livres et la moitié du troisième ne sont que des compilations; la dernière partie seule est originale et, lorsqu'elle dépasse l'année 980, devient en fait une chronique de l'aristocratie d'Aquitaine. Des remaniements, des additions postérieures altèrent un texte qui pose à la critique érudite de graves problèmes.*

3° *On peut considérer comme des œuvres d'histoire les* Livres de Miracles *qui furent composés dans les grandes basiliques à pèlerinage, au voisinage des reliquaires les plus vénérés, et dont le but précisément était d'en répandre la renommée. Ils racontent les prodiges opérés par la vertu des corps saints. Ce sont des œuvres composites; plusieurs rédacteurs ont, l'un après l'autre, recueilli des anecdotes; par cette succession même, la chronologie s'introduit dans la relation. Deux recueils de cette sorte sont fort importants pour la connaissance de la France aux environs de l'An Mil.*

a) *A cette époque, l'abbaye de Fleury-sur-Loire était l'un des foyers les plus rayonnants de la vie monastique; elle était proche d'Orléans, la résidence principale du roi de France; elle prétendait conserver les reliques de saint Benoît de Nurcie, patriarche des moines d'Occident. On y cultivait plus qu'ailleurs le genre historique. Aimoin, auteur d'une* Historia Francorum, *entreprit vers 1005 d'ajouter deux livres à un premier recueil de* Miracles, *composé en l'honneur de saint Benoît au milieu du* IXe *siècle. Il traita en historien le livre II et introduisit, dans un récit de forte structure chronologique, la description des prodiges;*

mais, dans le livre III, il classa ceux-ci région par région. Sur un plan semblable, un autre moine, André, entreprit après 1041, de raconter les nouveaux miracles; il y mêla, comme les chroniqueurs, des allusions fréquentes aux événements politiques, aux intempéries, aux météores [8].

b) *Bernard, ancien élève de l'école épiscopale de Chartres et qui dirigeait vers 1010 celle d'Angers, visita, étonné, les reliques de sainte Foy à Conques; il fit de nouveau, à deux reprises, le pèlerinage et offrit à l'évêque Fulbert de Chartres, l'un des grands intellectuels de l'époque, un récit des merveilles qui s'accomplissaient près de la fameuse statue reliquaire. Ce texte constitue les deux premiers livres du* Liber miraculorum sante Fidis [9]; *les deux autres sont l'œuvre d'un continuateur du* XIe *siècle.*

4º *D'*Histoires *véritables, nous n'en connaissons guère alors que trois.*

a) *Dudo, doyen de la collégiale de Saint-Quentin en Vermandois, rédigea pour les « ducs des pirates » une* Histoire des Normands, « *trois livres des mœurs et des hauts faits des premiers ducs de Normandie »*, *qui conduit jusqu'en 1002.*

b) *Quatre livres d'*Histoires, *englobant une période comprise entre 888 et 995, sont l'œuvre de Richer, moine à Saint-Remi de Reims* [10].

c) *Autre moine, mais mal docile et instable, Raoul, dit Glaber, divagua parmi divers monastères bourgui-*

gnons, où ses talents littéraires le firent bien accueillir
malgré ses défauts. A Saint-Bénigne de Dijon, il
s'attache à Guillaume de Volpiano, héros farouche de
la réforme religieuse, qui l'engage à se faire historien.
Il semble qu'il ait achevé à Cluny, vers 1048, cinq
livres d'Histoires, une histoire du monde depuis le
début du xe siècle dédiée à l'abbé saint Odilon[11].
Raoul n'a pas bonne réputation. On le dit bavard,
crédule, maladroit et l'on trouve son latin diffus. Il
convient de ne pas juger son œuvre en fonction de nos
habitudes mentales et de notre propre logique. Si l'on
veut bien se couler dans la démarche de son esprit, il
apparaît aussitôt comme le meilleur témoin de son
temps, et de très loin.

III

LES TÉMOIGNAGES
ET L'ÉVOLUTION CULTURELLE

Raoul appartient à ce qui triomphe, c'est-à-dire au monachisme clunisien; Richer, à ce qui meurt, à ce type de culture épiscopale qui avait brillé à Reims au IXe siècle, au temps d'Hincmar, mais qui a cessé de compter après l'An Mil; la vieille école historique carolingienne meurt avec lui, et avec les annales qui s'étiolent. Il suffit donc de faire l'inventaire de cette littérature historique, et d'observer la manière dont elle se trouve répartie dans l'espace de la chrétienté latine, pour saisir un mouvement des assises culturelles qui participe au grand bouleversement des structures dont l'Occident fut le lieu au temps du millénaire.

UNE VISION MONASTIQUE

Toutes ces œuvres, je l'ai dit, procèdent de la renaissance carolingienne. Or, celle-ci poussait en avant l'épiscopat, les cathédrales et les écoles qui leur étaient adjointes. Lorsque, vers 840, elle portait ses plus beaux fruits, tous les grands hommes — tous les *grands écrivains — étaient des évêques. Mais des évêques, la belle époque est passée à la fin du Xe siècle ; leur rôle s'efface en même temps que celui des rois. Ils ne gardent un peu d'éclat qu'auprès des trônes. Effectivement, sur notre liste d'œuvres littéraires ne figurent plus que deux noms d'évêques, ceux de prélats royaux : Thietmar, attaché aux rois de l'Est, les Empereurs saxons ; Adalbéron, au roi de l'Ouest, Robert de France. Dans les pays occidentaux, dont l'évolution est plus précoce, où sont plus puissantes les forces de dissolution qui, à la fois, minent les fondements du pouvoir monarchique et qui engluent l'office sacerdotal dans les intérêts temporels, le repli de la fonction épiscopale apparaît plus marqué. Le pamphlet d'Adalbéron est d'ailleurs une critique acerbe de la défaillance royale, liée à l'intrusion des moines dans les affaires publiques. Quant à la biographie du roi Robert elle ne vient pas d'un clerc de la cour ; elle est monastique, s'écrit à Saint-Benoît-sur-Loire et exalte ce qui dans le comportement du souverain s'accorde à l'ascétisme et à la vocation liturgique du monachisme. Car l'An Mil est bien, de nouveau, le temps des moines. Tous les historiens que j'ai cités furent éduqués dans des monastères, la plupart n'en sont point sortis. Mieux adaptées aux cadres tout ruraux de la vie matérielle, mieux disposées à répondre aux exigences de la piété laïque, parce qu'elles abritaient des reliques, parce que des nécropoles les entouraient, parce que l'on y priait tout au long du jour pour les vivants et pour les morts, parce qu'elles accueillaient les enfants nobles et parce que les vieux seigneurs venaient s'y retirer pour mourir, les abbayes d'Occident ont été saisies plus tôt que les* clergés cathédraux par l'esprit de réforme qui releva leurs ruines, restaura la régularité, renforça leur action salvatrice et fit affluer vers elles les aumônes. Les donations pieuses ne vont point alors aux évêques, mais aux abbés, et les cartulaires épiscopaux sont beaucoup plus minces que ceux des monastères. Parmi ces derniers se situent les pointes de la culture : les grands monuments de l'art roman furent des abbatiales, et non des cathédrales. Presque tout ce que nous pouvons entrevoir de ce temps, nous le percevons par les yeux des moines.

DES OBSERVATIONS LOCALES

A ce déplacement des pôles culturels s'adjoint un autre transfert, géographique celui-ci. La renaissance carolingienne avait favorisé les pays proprement francs, la région d'entre la Loire et le Rhin. Un examen attentif de la littérature historique montre que la zone autrefois privilégiée a perdu de son éclat et que les ferments d'activité intellectuelle tendent à se disperser vers la périphérie de l'ancien Empire. Vers la Saxe, qui fut un refuge au xe siècle pour les communautés religieuses fuyant devant les pillards normands ou hongrois, dont les princes, devenus empereurs, attirèrent vers elles les reliques, les livres et les hommes de sciences, et où se formaient les missionnaires attelés à la conversion des chrétiens païens du nord et de l'est. Vers la vieille Neustrie, accablée naguère par les incursions scandinaves, mais dont les puissances de fécondité sont en train de se reconstituer autour de Rouen, de Chartres ou

*d'Orléans. Vers la Gaule du sud surtout, la Bour-
gogne et l'Aquitaine, vers ces contrées romaines
longtemps soumises à l'exploitation franque, toujours
rétives, mais qui se trouvent désormais libérées du
joug carolingien, capables d'exploiter leur vieux
fonds de culture autour des grands monastères à
reliques, parmi lesquels s'étend peu à peu l'influence
de la congrégation clunisienne. Cette dispersion
reflète le décisif effondrement de l'Empire.*

*Tous les historiens de l'époque, les annalistes, les
chroniqueurs, et plus que tous les autres, ceux qui se
sont efforcés de construire une véritable histoire,
demeurèrent persuadés de l'unité du peuple de Dieu,
identifié à la chrétienté latine, et fascinés par le mythe
impérial, expression d'une telle cohésion.*

Donc, *dit Raoul Glaber,* depuis l'an 900 du Verbe
incarné qui crée et qui vivifie tout jusqu'à nos jours,
nous parlerons des hommes illustres qui ont brillé
dans le monde romain, des serviteurs de la foi
catholique et de la justice, en nous fondant sur des
rapports dignes de foi et sur ce que nous avons vu ;
nous parlerons aussi des événements nombreux et
mémorables qui se sont produits tant dans les saintes
églises que dans l'un et l'autre peuple ; et c'est
d'abord à l'Empire qui jadis fut celui du monde
entier, à l'Empire romain, que nous avons voué
notre récit [12].

*Mais en fait, la matière même de ces diverses
œuvres historiques traduit le récent fractionnement de
l'Occident. La haute aristocratie qui, jadis, était tout
entière rassemblée autour d'un seul chef, le maître de
l'Empire franc et dont chaque famille possédait des*

domaines dispersés dans toutes les provinces d'Occident, apparaît maintenant divisée ; quelques grandes races dominent chacune une principauté territoriale. Dans les écrits de Dudo de Saint-Quentin s'inaugure une historiographie locale, tout entière consacrée à célébrer un lignage. Non plus celui du roi, celui d'un prince. Thietmar parle presque uniquement de la Saxe et de ses confins slaves, et s'il s'occupe beaucoup des empereurs, c'est dans la mesure même où ils sont Saxons. L'Aquitaine seule, et plus exactement l'Angoumois et le Limousin, paraissent dans la chronique d'Adémar lorsqu'il cesse d'utiliser les ouvrages des autres. Ce rétrécissement progressif de la curiosité et de l'information historiques procède du grand mouvement qui se développe en l'An Mil, lequel est un mouvement qui fractionne le pouvoir, qui le localise, établissant ainsi l'Europe dans les structures féodales.

IV

POUR UNE HISTOIRE
DES ATTITUDES MENTALES

Puisque les pièces de ce dossier sont puisées presque toutes dans des œuvres littéraires, il convient de préciser ce que celles-ci peuvent apporter aujourd'hui à la construction de l'histoire.

1. *Il est vain de les interroger sur les conditions de la vie matérielle. En l'An Mil, le quotidien n'intéresse nullement les historiens, ni les chroniqueurs, et encore moins les annalistes. C'est au contraire — j'y reviendrai — l'exceptionnel, l'insolite, ce qui brise l'ordre régulier des choses, qui mérite seul à leurs yeux quelque attention. A vrai dire, les actes juridiques dressés dans les chancelleries ne fournissent guère plus d'indices sur le banal et sur les cadres normaux de l'existence; tout au plus, quelques traits isolés dont la signification ne s'éclaire que par référence à ce que l'on peut par ailleurs deviner des temps qui ont précédé et qui ont suivi cette époque. De quoi entrevoir un monde sauvage, une nature presque vierge, des hommes très peu nombreux, armés d'outils dérisoires, luttant à main nue contre les forces végétales et les puissances de la terre, incapables de les dominer, peinant à leur arracher une très pauvre*

nourriture, ruinés par les intempéries, harcelés périodiquement par la famine et la maladie, tenaillés constamment par la faim. De quoi discerner aussi une société très hiérarchisée, des troupes d'esclaves, un peuple paysan tragiquement démuni, soumis entièrement à la puissance de quelques familles, qui se déploient en rameaux plus ou moins illustres, mais que rassemble solidement autour d'un tronc unique la force des liens de parenté. De quoi apercevoir quelques chefs, maîtres de la guerre ou de la prière, parcourant à cheval un univers misérable, s'emparant de ses pauvres richesses pour orner leur personne, leur palais, les reliques des saints et les demeures de Dieu.

2. *La politique se discerne plus clairement dans ces textes dont beaucoup furent écrits pour louer des princes, ces hommes que Dieu avait chargé de conduire le peuple et dont les actes semblaient alors frayer le cours de l'histoire :*

De même que, parcourant les vastes terres du monde ou naviguant sur l'immense étendue des flots, chacun se tourne souvent vers les sommets des monts ou les cimes des arbres, et y dirige ses regards afin que ces repères reconnus de loin l'aident à parvenir sans s'égarer au but de son voyage, — de même, dans notre ambition de faire connaître le passé à la postérité, nos propos et notre attention s'attachent souvent, au cours de notre récit, à la personne des grands hommes, afin que grâce à eux ce même récit gagne en clarté et présente plus de sécurité [13].

*Au premier plan se dressent l'Empereur et le Roi
(c'est-à-dire le roi de France), les deux monarques
héritiers de Charlemagne et de César et qui veillent
conjointement au salut du monde. Mais déjà paraissent les chefs de provinces que les progrès de la
dislocation féodale établissent en situation d'autono-
mie, un duc des Normands, un comte d'Angoulême.
Adémar de Chabannes revêt Guillaume le Grand,
duc des Aquitains, de tous les attributs de la souve-
raineté et emploie pour tracer son portrait les formes
rhétoriques réservées jadis aux biographies impé-
riales :*

Le duc d'Aquitaine et comte de Poitiers, ce très
glorieux et très puissant Guillaume, se montrait
aimable à tous, de sage conseil, admirable par sa
sagesse, d'une très libérale générosité, défenseur des
pauvres, père des moines, bâtisseur et ami des
églises et surtout ami de la sainte Eglise romaine...

Partout où il allait, partout où il tenait des
assemblées publiques, il donnait l'impression d'être
un roi plutôt qu'un duc, par l'honneur et la gloire
illustre dont sa personne était couverte. Non seulement il soumit à son pouvoir toute l'Aquitaine, au
point que nul n'osait lever la main contre lui, mais
encore le roi de France l'avait en grande amitié.
Bien plus, le roi d'Espagne Alfonse, le roi Sanche de
Navarre et aussi le roi des Danois et des Angles,
nommé Kanut, avaient été séduits par lui au point
que chaque année ils lui envoyaient des ambassades
chargées de précieux présents, et lui-même les
renvoyait avec des cadeaux plus précieux encore.
Avec l'empereur Henri, il fut lié d'une telle amitié

que l'un et l'autre s'honoraient tour à tour de présents. Et, entre autres innombrables cadeaux, le duc Guillaume envoya à l'empereur une grand épée d'or fin, où étaient gravés ces mots : *Henri, empereur, César Auguste.* Les pontifes romains, quand il venait à Rome, le recevaient avec autant de révérences que s'il eût été leur empereur auguste, et, tout le sénat romain l'acclamait comme son père. Comme le comte d'Anjou, Foulque, lui avait fait hommage, il lui avait concédé en fief Loudun et plusieurs autres châteaux du pays poitevin, ainsi que Saintes et quelques châteaux. Ce même duc, quand il voyait un clerc briller par son savoir, l'entourait de tous les égards. C'est ainsi que le moine Renaud, surnommé Platon, dut à la science qui l'ornait d'être établi par lui abbé du monastère de Saint-Maixent. De même, il fit venir de France l'évêque de Chartres Fulbert, remarquable par sa science, lui donna la trésorerie de Saint-Hilaire, et montra publiquement toute la révérence qu'il lui portait... Ce duc avait été dès son enfance instruit dans les lettres et connaissait fort bien les Ecritures. Il conservait dans son palais quantité de livres, et quand par hasard la guerre lui laissait quelques loisirs, il les consacrait à lire lui-même, passant de longues nuits à méditer parmi ses livres jusqu'à ce que le sommeil vînt le terrasser. Cette coutume était également celle de l'empereur Louis et celle de son père, Charlemagne. Théodore aussi, l'empereur victorieux, s'adonnait fréquemment dans son palais non seulement à la lecture, mais à l'écriture. Et Octavien César Auguste, quand il avait fini de lire, n'était point paresseux pour écrire de sa propre main l'histoire de ses combats, les hauts faits des Romains et toutes sortes d'autres choses [14].

Toutefois, parce que tous ces écrits ne portent intérêt qu'aux très grands souverains et parce que l'exceptionnel retient toute leur perspicacité, ils livrent très peu sur ce qui, à ce moment même, transformait de fond en comble le jeu et la répartition des pouvoirs de commandement. Du politique, ils montrent l'événement, la surface, et non point les structures. Déjà, dans la Gaule méridionale, les principautés régionales subissaient elles-mêmes les atteintes des forces dissolvantes qui, naguère, les avaient libérées de l'autorité monarchique. Or, les récits historiques n'apprennent à peu près rien des châteaux, points d'appui des puissances nouvelles, ni de ce groupe social qui, en France, prit corps précisément entre 980 et 1040, la classe des chevaliers. Les plus lucides des historiens de ce temps répugnent à employer des mots, qui commençaient alors d'apparaître dans les chartes et dans les documents de la pratique pour qualifier les nouvelles situations sociales. Ces titres leur paraissent trop vulgaires, trop indignes d'un texte qui vise à égaler les classiques : prisonniers de leur vocabulaire et de leur rhétorique, ils sont tout à fait incapables de décrire dans son actuelle vérité la hiérarchie des statuts personnels.

3. Du moins ces textes, et c'est là leur valeur principale, apportent-ils une contribution irremplaçable à l'histoire des attitudes mentales et des représentations de la psychologie collective. Leur témoignage, sans doute, demeure limité, parce qu'il émane d'un cercle très restreint, celui des « intellectuels », parce qu'il offre seulement le point de vue des hommes d'Eglise, ou plus précisément des moines. Mentalité close par définition ; se retirer entre les murs d'un cloître n'était-ce pas tourner le dos au monde charnel, rompre, fuir ? Et ne plus vivre, dans l'étroit rassemblement communautaire que prescrit la règle bénédictine, que pour un seul office, la célébration par la liturgie de la gloire divine ? Vision déformée, assombrie par un pessimisme inhérent à la vocation monastique, qui refuse la société des hommes parce que celle-ci est corrompue et qui choisit les privations de la pénitence.

J'ajoute que le message de ces textes se trouve singulièrement appauvri par la nécessité de les traduire. Les modalités mêmes de l'expression ne se montrent-elles pas, en effet, dans les perspectives d'une histoire psychologique, à elles seules fort instructives ? Cette rhétorique ampoulée, dont les contempteurs de Raoul Glaber condamnent l'enflure, les mots, leurs alliances, l'allure de la phrase, ses liaisons, ses rythmes, dont le choix commandait alors tout l'art d'écrire, proposent aux spécialistes de la linguistique et d'une psychologie des médiations, tout un matériel encore inexploré et dont l'analyse attentive promet d'être passionnante. Des nécessités techniques imposent de traduire ces documents, ou plutôt d'en livrer une transposition qui n'est pas dénuée d'arbitraire. Laissons-les maintenant parler, et tâchons d'entrevoir à travers eux comment leurs auteurs ont vu l'An Mil, ont vécu ce temps d'espoir et de crainte, et se sont préparés à affronter ce qui fut pour eux comme un nouveau printemps du monde.

1

Le sens de l'Histoire

LA MILLIÈME ANNÉE
DE L'INCARNATION

De l'époque féodale, il ne reste qu'une seule chronique qui parle de l'An Mil comme d'une année tragique : celle de Sigebert de Gembloux. On vit à ce moment, lit-on dans ce texte, beaucoup de prodiges, un terrible tremblement de terre, une comète au sillage fulgurant ; l'irruption lumineuse envahit jusqu'à l'intérieur des maisons et, par une fracture du ciel, parut l'image d'un serpent. L'auteur de ce texte avait trouvé dans les Annales Leodienses *mention du séisme. Mais le reste, d'où le tirait-il ? Non point, en tout cas, de sa propre expérience : il écrivait beaucoup plus tard, au début du* XIIe *siècle ; il n'avait rien vu lui-même. Un fait demeure : ce fut sur sa caution que vint reposer la légende dont on trouve les premières traces au* XVIe *siècle. Rédigées à ce moment, les* Annales de Hirsau *reprennent, en l'enjolivant, le contenu de la* Chronographia *de Sigebert :* En l'an mille de l'incarnation de violents tremblements de terre ont ébranlé l'Europe entière, détruisant partout des édifices solides et magnifiques. Cette même année apparut dans le ciel une horrible comète. Beaucoup qui la virent crurent que c'était

l'annonce du dernier jour... *Voilà l'adjonction gratuite : des terreurs de l'An Mil la chronique de
Sigebert de Gembloux, en effet, ne disait rien.*

*Mais lorsqu'on examine les écrits historiques
composés par des contemporains, on est frappé de
découvrir le peu de cas qu'ils font, à peu près tous, de
la millième année de l'incarnation. Elle passe inaper-
çue dans les* Annales de Bénévent, *dans celles de*
Verdun, *dans* Raoul Glaber. *On lit dans les* Annales
de St-Benoît-sur-Loire *une notice assez longue sur
l'année 1003, qui s'illustra par des inondations inso-
lites, un mirage, la naissance d'un monstre que ses
parents noyèrent; mais l'emplacement de la millième
année de l'incarnation reste vide. En vérité, un tel
silence ne signifie pas grand-chose. Tous ces textes ne
furent-ils pas écrits après la fin de cette année, c'est-à-
dire l'effroi passé, s'il eut lieu, et dans un moment où,
considérant que ces craintes avaient été vaines, il ne
paraissait point nécessaire d'en parler? Rien ne
permet donc de négliger d'autres indices. En voici
deux.*

LE SONGE D'OTHON III

*Sans précision de date, l'un des manuscrits de la
chronique d'Adémar de Chabannes évoque l'un des
événements majeurs qui se produisirent en l'An Mil,
et que relatent aussi Thietmar et la* Chronique de
Novalaise.

En ces jours l'empereur Otton III fut averti en
songe d'avoir à exhumer le corps de l'empereur

Charlemagne, qui est enseveli à Aix. Mais, l'oubli
étant venu avec le temps, on ignorait le lieu exact où
il reposait. Et après un jeûne de trois jours, on le
découvrit à l'endroit même où l'empereur l'avait vu
en songe, assis en une cathèdre d'or dans la crypte
voûtée sous la basilique Sainte-Marie ; il était couronné d'une couronne d'or fin, et son corps même
fut retrouvé parfaitement conservé. On l'exhuma
pour l'exposer à la vue du peuple. Cependant un des
chanoines du lieu, Adalbert, homme d'une taille
colossale, prit la couronne de Charles, et, comme
pour la mesurer, en ceignit sa propre tête ; l'on vit
alors que son crâne était plus étroit : la couronne
était si large qu'elle lui entourait toute la tête.
Mesurant ensuite sa jambe à celle du souverain, il se
trouva être plus petit ; et aussitôt, par la puissance
divine, sa jambe se brisa. Il vécut encore quarante
ans et resta toujours infirme. Le corps de Charles fut
déposé dans l'aile droite de la même basilique,
derrière l'autel de saint Jean-Baptiste ; on construisit
par-dessus une magnifique crypte dorée, et il se mit
à s'illustrer par beaucoup de miracles. Pourtant on
ne l'honore point d'une solennité spéciale ; on célèbre simplement son anniversaire comme celui des
défunts ordinaires [1].

Pour donner à cette cérémonie tout son sens, il
convient de se référer au Petit traité de l'Antéchrist,
écrit en 954 par Adson, abbé de Montier-en-Der.
Il s'adressait à ceux que préoccupait le jour du
Jugement ; s'appuyant sur saint Paul, il les rassurait,
affirmant que la fin des temps ne surviendrait pas
avant que tous les royaumes du monde ne se soient
séparés de l'Empire Romain, auquel ils avaient été

précédemment soumis. *Ainsi, aux lettrés du xe siècle, le destin de l'univers paraissait intimement lié à celui de l'Empire : la désagrégation de cette structure maîtresse de la cité terrestre précéderait le retour au chaos et la destruction de tout. Aussi, l'élévation des reliques de Charlemagne à Aix-la-Chapelle, comme d'ailleurs tout le comportement de l'empereur Otton III dans les quatre années qui précédèrent le millénaire, son esprit de pénitence, sa volonté de rétablir dans Rome le siège de l'Empire, et de « rénover » fondamentalement celui-ci en le reliant plus étroitement à des précédents romains et carolingiens, ne peuvent-ils être interprétés comme des mesures propitiatoires destinées à conjurer un imminent péril ?... Lorsqu'il vint installer son siège sur l'Aventin, lorsqu'il prit sur la dépouille de Charlemagne, pour la porter lui-même, la croix d'or, signe de victoire, l'Empereur de l'An Mil n'était-il pas poussé par l'angoisse du peuple, et par sa propre angoisse, à raffermir par des gestes symboliques les assises du monde ?*

À PROPOS DE LA FIN DU MONDE...

Autre témoignage, plus explicite, sur les croyances populaires, sur une anxiété latente dont tiraient parti les prédicateurs de pénitence : ce que dit l'abbé de Saint-Benoît-sur-Loire, Abbon. Il rappelle un souvenir de sa jeunesse, un événement que l'on peut dater des environs de 975.

A propos de la fin du monde, j'entendis prêcher au peuple dans une église à Paris que l'Antéchrist viendrait à la fin de l'an mil et que le jugement général suivrait de peu. Je combattis vigoureusement cette opinion, en m'appuyant sur les Evangiles, l'Apocalypse et le Livre de Daniel[2].

Certes, le savant, le docteur qu'est Abbon ne partage pas ces craintes, et, comme il écrit en 998, il est même permis de penser que si celles-ci, dans l'immédiate proximité du millénaire, avaient été vraiment violentes parmi le peuple chrétien, il aurait tenu, pour les dissiper, à développer bien davantage ses arguments. Reste du moins indubitable, qu'à l'orée du XIe siècle, un sentiment d'attente se trouvait établi au centre de la conscience collective.

II

L'ATTENTE

Pour le christianisme, l'Histoire est orientée. Le monde a un âge. Dieu, à un certain moment, l'a créé. Il s'est alors choisi un peuple, dont il guide la marche. Une certaine année, un certain jour, il a pris corps lui-même parmi les hommes. Des textes, ceux de l'Ecriture Sainte, permettent de calculer des dates, celle de la création, celle de l'incarnation, donc de discerner les rythmes de l'Histoire. Ces mêmes textes — ceux qu'utilise Abbon —, les Evangiles, l'Apocalypse annoncent que le monde un jour finira. On verra surgir l'Antéchrist qui séduira les peuples de la terre. Puis le ciel s'ouvrira pour le retour du Christ en gloire, venant juger les vivants et les morts. Dans le Royaume, dans la Jérusalem céleste s'achèvera la longue procession du peuple de Dieu. Pour affronter le jour de la colère, il convient de se tenir prêt. Les moines donnent l'exemple : ils ont revêtu la robe d'abstinence et se sont postés aux avant-gardes de la marche collective. Leur sacrifice n'a de sens que dans l'attente. Ils l'entretiennent. Ils exhortent chacun à guetter les préliminaires de la Parousie.

MILLENIUM

Or, une page de l'Ecriture, le chapitre XX de l'Apocalypse, fournit la clé d'une chronologie prospective : Puis je vis un ange descendre du ciel tenant à la main la clef de l'Abîme, ainsi que l'énorme chaîne. Il maîtrisa le Dragon, l'antique Serpent — c'est le diable, Satan — et l'enchaîna pour mille années. Il le jeta dans l'Abîme, tira sur lui les verrous, apposa des scellés, afin qu'il cessât de fourvoyer les nations, jusqu'à l'achèvement des mille années. Après quoi, il doit être relâché pour un peu de temps.

... Les mille ans écoulés, Satan, relâché de sa prison, s'en ira séduire les nations des quatre coins de la terre, Gog et Magog, et les rassembler pour la guerre, aussi nombreux que le sable de la mer...

C'est-à-dire que « les mille ans écoulés », le mal envahira le monde, et que commencera le temps des tribulations. Tel est le fondement du millénarisme. Moine, formé aux techniques du comput, c'est-à-dire précisément au calcul des rythmes du temps, pénétré du sentiment que l'histoire est ordonnée sur des cadences régulières, accoutumé à élucider le mystère en recourant aux analogies et aux vertus mystiques des nombres, Raoul Glaber propose à l'histoire de l'humanité cette périodisation :

Et comme ce même Créateur, quand il mit en branle toutes les pièces de la machine du monde, a pris six jours pour achever son œuvre, et, cela fait, se reposa le septième, de même, pendant sept fois mille ans, il a travaillé à l'enseignement des hommes en multipliant à leurs yeux les prodiges significatifs. Ainsi donc, dans les siècles passés, aucune époque ne s'est écoulée sans voir de ces signes miraculeux qui proclament le Dieu éternel, jusqu'à celle où le grand principe de toutes choses apparut sur cette terre revêtu de la forme humaine, et qui est la sixième de l'histoire de l'univers. Et l'on croit que dans la septième prendront fin les diverses agitations de ce bas monde, afin sans doute que tout ce qui a eu un commencement trouve dans l'auteur de son être la fin la plus convenable à son repos[3].

L'AN 1033

Mais quel millénaire en vérité ? Celui de la naissance, ou celui de la mort de Jésus ? Celui de l'incarnation ou celui de la rédemption ? Dans le christianisme du XIe siècle, Pâques avait beaucoup plus d'importance que Noël. Autour de cette fête s'organisait le cycle liturgique ; elle marquait le début de l'année. Et dans l'existence des hommes, en un temps où se développaient les rites des funérailles et de la célébration des défunts, c'était l'anniversaire du décès d'un homme, et non point celui, mal connu, de son entrée dans le monde, qui était l'objet d'attention et de cérémonie. Certes, l'ère chrétienne partait de l'incarnation. Mais l'An Mil passé sans dommage, ne devait-on pas reporter l'attente jusqu'en l'année 1033, tenue pour le millénaire de la Passion ?

C'est bien en fonction d'un double millenium *que Raoul Glaber — écrivant après coup — ordonne son histoire. Il a choisi de recueillir* les faits qui, dit-on, se sont multipliés aux environs de la millième année du Christ notre Sauveur. *Il part de l'an 900 ; il avance autant qu'il lui sera donné de le faire. Il découvre autour de l'An Mil des signes de corruption* qui concordent avec la prophétie de Jean, selon laquelle Satan sera déchaîné après mille années accomplies.

Mais après les nombreux signes et prodiges qui, soit avant, soit après, cependant aux alentours de l'an mil du Seigneur Christ, se produisirent dans le monde, il ne manqua pas d'hommes ingénieux et d'esprit pénétrant pour en prédire de non moins considérables à l'approche du millénaire de la Passion du Seigneur ; ce qui se produisit en effet avec évidence [4].

Car, à vrai dire, ce qui importait à ces hommes, ça n'était pas les événements, mais bien les « signes et prodiges ». L'histoire, en effet, n'avait point pour eux d'autre rôle que de nourrir la méditation des fidèles, d'aiguiser leur vigilance, et pour cela de mettre en évidence les avertissements que Dieu prodigue à ses créatures par des « miracles », des « présages », des « prophéties ». Il faut en effet remarquer comment progressivement, depuis le commencement du genre humain, la connaissance du Créateur s'est manifestée. D'abord Adam, et avec lui toute sa race, proclame Dieu son créateur quand, privé par sa coupable désobéissance aux préceptes divins des joies du Paradis, et condamné à l'exil, il pleure à grands cris sur sa misère. Mais depuis que le genre humain s'est multiplié à travers toute la terre, si la prévoyante bonté de son Créateur ne l'avait ramené dans le sein de sa miséricorde, il y a longtemps qu'il eût tout entier sombré sans recours dans le gouffre de son erreur et de son aveuglement. C'est pourquoi, depuis ses commencements, les divins décrets de son bon Créateur ont suscité pour lui de prodigieux miracles dans les choses, des présages extraordinaires dans les éléments, et aussi, dans la bouche des plus grands sages, des prophéties destinées à lui inculquer par voie divine à la fois l'espérance et la crainte[5].

Plus la fin du monde se rapproche, plus on voit se multiplier ces choses dont parlent les hommes[6].

Ils en parlent; ils s'en inquiètent; ils s'interrogent sur le sens caché de ces choses, sur les avertissements qu'elles contiennent. Ils écoutent ceux dont les vertus et le savoir les guident vers le Royaume, ces clercs et ces moines qui nous ont laissé leur témoignage. Mais ceux-ci, pour déchiffrer l'histoire, utilisaient les ressources de leur esprit. De leurs habitudes mentales, il importe donc, avant toute chose, de s'informer.

2

Les mécanismes mentaux

I

LES ÉTUDES

Nos témoins appartiennent tous au petit groupe des lettrés, des privilégiés qui avaient fréquenté les écoles. Or il est possible, par quelques sources, de connaître la formation qu'ils avaient pu recevoir. Encore que, sur ce point comme sur les autres, ces documents ne parlent que de l'exceptionnel : c'est à propos de Gerbert, le plus savant des hommes de son temps, qu'ils nous renseignent le mieux. Avant d'être désigné comme archevêque de Reims, puis de Ravenne et de devenir enfin, sous le nom de Sylvestre II, le pape de l'An Mil, Gerbert avait dirigé l'école épiscopale de Reims. Dans son histoire, Richer, qui fut son élève, parle longuement de la science du maître.

Il décrit d'abord la manière dont Gerbert s'était instruit. L'archevêque de Reims, Adalbéron, appliqué à la réforme de son clergé, cherchait à éduquer convenablement les fils de son église dans les arts libéraux. Tandis qu'il délibérait en lui-même de cela, la Providence elle-même dirigea vers lui Gerbert, homme d'un grand génie et d'une admirable éloquence. Par celui-ci bientôt toute la Gaule resplendit et rayonna comme un flambeau ardent. Aquitain de naissance, il avait été élevé depuis *son enfance dans le monastère du saint confesseur Géraud* [à Aurillac] et instruit dans la grammaire. Alors que, adolescent, il poursuivait là ses études, il arriva que Borrel, duc d'Espagne citérieure [la Catalogne], vint dans ce même monastère pour y prier. L'abbé du lieu le reçut avec beaucoup d'urbanité et dans le cours de la conversation lui demanda s'il se trouvait en Espagne des hommes très experts dans les arts [libéraux]. Aussitôt le duc répondit affirmativement ; l'abbé le persuada très vite de prendre l'un des religieux et de l'emmener avec lui pour apprendre les arts. Le duc acquiesça généreusement à cette demande ; avec le consentement des frères, il emmena Gerbert qu'il confia pour être instruit à l'évêque Hatton [de Vich]. Près de celui-ci Gerbert étudia en profondeur et efficacement les mathématiques.

Mais comme la providence voulait que la Gaule, encore enténébrée, reluisît d'une grande lumière, elle mit dans l'esprit du duc et de l'évêque d'aller à Rome pour prier. Leurs préparatifs achevés, ils prirent la route et emmenèrent avec eux l'adolescent qui leur était confié. Arrivés dans la ville, après avoir prié devant les saints apôtres, ils allèrent se présenter au pape... de bonne mémoire et lui offrir de leur bien ce qui lui serait agréable.

L'intelligence de l'adolescent, ainsi que sa volonté d'apprendre n'échappèrent pas au pape. Comme la musique et l'astronomie étaient alors complètement ignorées en Italie, bientôt le pape fit savoir par un légat à Otton, roi de Germanie et d'Italie, l'arrivée d'un jeune homme qui connaissait très bien les mathématiques et pouvait les enseigner avec vigueur. Bientôt le roi suggéra au pape de s'attacher le jeune homme et de ne lui accorder aucun moyen de repartir. Au duc et à l'évêque qui étaient venus d'Espagne avec lui, le pape dit simplement que le roi voulait pour un temps s'attacher le jeune homme, qu'il le renverrait sous peu avec honneur, et que ses grâces le récompenseraient. On persuada ainsi le duc et l'évêque de retourner en Espagne en laissant le jeune homme à cette condition.

Abandonné au pape, le jeune homme fut par celui-ci offert au roi. Questionné sur son art, il répondit qu'il possédait bien les mathématiques, mais qu'il voulait apprendre la science de la logique. Comme il tenait à y réussir, il ne demeura pas longtemps ici à enseigner.

A cette époque, G., archidiacre de Reims, avait une très grande réputation de logicien. Il venait d'être envoyé à ce moment même par Lothaire, roi de France, à Otton, roi d'Italie. A son arrivée, le jeune homme se rendit joyeusement auprès du roi et obtint d'être confié à G. Il s'attacha à celui-ci quelque temps et fut conduit par lui à Reims. Il apprit de lui la science de la logique et progressa rapidement. En revanche, G., qui s'était mis aux mathématiques, fut vaincu par les difficultés de cet art et renonça à la musique [1].

Ce texte fort éclairant fait apparaître :

1. Que les études se trouvaient inscrites dans le cadre des sept arts libéraux, emprunté jadis par les pédagogues carolingiens aux écoles du Bas-Empire.

Du trivium, *on n'enseignait à Saint-Géraud d'Aurillac que la grammaire (c'est-à-dire le latin), mais ni la rhétorique, ni la dialectique (logique). En Catalogne, aux lisières de l'Islam, la connaissance du* quadrivium *(Richel parle de « mathématiques », et précise : « musique et astronomie ») était beaucoup plus poussée qu'ailleurs.*

2. *Qu'il n'y avait pas à proprement parler d'école, mais que le jeune clerc qui voulait avancer dans l'étude, cherchait par toute la chrétienté des maîtres à qui successivement s'attacher. Il cherchait aussi des livres. De cette extrême mobilité, de cette incessante poursuite des instruments du savoir, on pourra juger par deux autres témoignages.*

RICHER APPELÉ À ÉTUDIER À CHARTRES

Alors que je réfléchissais souvent et beaucoup aux arts libéraux et que j'avais le désir d'apprendre la logique d'Hippocrate de Côs, je rencontrai un jour dans la ville de Reims un cavalier de Chartres. Je lui demandai qui et à qui il était, pourquoi et d'où il venait, il me dit être envoyé par Héribrand, clerc de Chartres, et vouloir parler à Richer, moine de Saint-Rémi. Frappé par le nom de l'ami et l'objet de la mission, je lui indiquai que j'étais celui qu'il cherchait. Nous nous donnâmes un baiser et nous retirâmes à l'écart. Bientôt il sortit une lettre m'invitant aux lectures des *Aphorismes*. Rempli de joie, je pris un domestique et m'apprêtai à partir pour Chartres...

J'étudiais donc assidûment dans les *Aphorismes*

d'Hippocrate auprès du maître Héribrand, un homme de grande générosité et de grande science... Comme je n'avais pu trouver là que le diagnostic des maladies, et comme cette simple connaissance des maladies ne répondait pas à ce que j'attendais, je sollicitai de lui la lecture de son livre intitulé *De l'accord d'Hippocrate, Galien et Suran*. Je l'obtins, car pour un homme aussi expert dans l'art, les propriétés de la pharmacie, de la botanique et de la chirurgie n'avaient pas de secret[2].

LA CORRESPONDANCE DE GERBERT : « DES COPISTES ET DES LIVRES... »

A Evrard, abbé de St-Julien de Tours.

... il est de la plus grande utilité de savoir parler de manière à persuader et contenir l'emportement d'esprits égarés par la douceur de son éloquence. C'est à cette fin que je m'emploie à former une bibliothèque. A Rome depuis longtemps, dans toute l'Italie, en Germanie et en Belgique, j'ai employé beaucoup d'argent à payer des copistes et des livres, aidé dans chaque province par la bienveillance et l'empressement de mes amis. Permets-moi donc de te prier de me rendre le même service. D'après ce que tu me diras, j'enverrai au copiste le parchemin et l'argent nécessaires, et à toi, je serai reconnaissant de ton bienfait...

A Rainard, moine de Bobbio.

... Tu sais avec quelle ardeur je cherche de tous côtés des livres ; tu sais aussi combien de copistes on trouve dans les villes et les campagnes d'Italie. Mets-toi donc à l'œuvre et, sans le dire à personne, à tes frais, fais-moi copier M. Manilius, *De l'Astrologie,* Victorinus, *De la Rhétorique,* Démosthène, *Ophtal-mique.* Je te promets de garder un silence inviolable sur ton fidèle service et sur ta louable obligeance, et je m'engage à te remettre largement ce que tu auras dépensé, selon ton compte et quand tu le fixeras[3]...

L'ENSEIGNEMENT
DE GERBERT À REIMS

Gerbert, qui s'était recommandé à l'archevêque par la noblesse de son savoir, s'attira toutes ses grâces. Sur sa demande, il fut donc chargé d'instruire dans les arts les équipes d'écoliers.

« Dans quel ordre il utilisa les livres pour enseigner », *ce titre du chapitre 46 des* Histoires *de Richer insiste encore sur le rôle que tenait dans les techniques scolaires, la « leçon », la lecture d'un auteur par le maître. Richer décrit aussi le progrès des études : les élèves de Gerbert ont déjà reçu l'enseignement élémentaire du grammairien; ils sont successivement initiés aux deux autres branches du* trivium. *Les lectures du maître portent d'abord sur la dialectique.*

LOGIQUE

Il expliqua la dialectique et éclaircit le sens des mots en parcourant dans l'ordre ces livres : d'abord il commenta l'*Isagoge* de Porphyre, c'est-à-dire les *Introductions* selon la traduction du rhéteur Victorinus et aussi selon Boèce, il étudia le livre d'Aristote sur les *Catégories,* c'est-à-dire les prédicats, puis il exposa parfaitement ce qu'est le *Peri Hermeneias,* c'est-à-dire le livre *De l'interprétation ;* enfin il enseigna à ses auditeurs les *Topiques,* c'est-à-dire le fondement des preuves, traduits par Cicéron du grec en latin et éclairés par les six livres de commentaires de Boèce.

Il lut aussi et expliqua utilement les quatre livres sur les différentes topiques, les deux livres sur les syllogismes catégoriques, les trois sur les hypothétiques, un livre sur les définitions et un livre sur les divisions.

RHÉTORIQUE

A peu près tous les ouvrages sur quoi se fonde l'enseignement de la logique sont de Boèce. Gerbert passe ensuite à la rhétorique. Dans une lettre au moine Bernard d'Aurillac, il dit avoir dressé un tableau de la rhétorique développé sur vingt-six feuilles de parchemin liées ensemble et formant un tout en deux colonnes juxtaposées, chacune de treize feuilles. Ce travail sans contredit paraît admirable aux ignorants ; il est utile aux écoliers studieux pour leur faire comprendre les règles très subtiles de la rhétorique et pour les fixer dans leur mémoire.

Toutefois,

craignant que ses élèves ne puissent atteindre à l'art oratoire sans connaître les modes d'élocution que l'on ne peut apprendre que chez les poètes, il utilisa donc ceux-ci, avec lesquels il jugea bon de familiariser ses élèves. Il lut donc et commenta les poètes Virgile, Stace et Térence, ainsi que les satiriques Juvénal, Perse et Horace, enfin l'historien Lucain. Lorsque ses élèves les eurent bien connus, et furent avertis de leurs modes d'élocution, il les introduisit dans la rhétorique.

ASTRONOMIE

Cependant, c'était dans le quadrivium — *nommé ici mathématiques et composé, dans l'ordre, de l'arithmétique, la musique, l'astronomie et la géométrie — que Gerbert, on l'a vu, excellait.*

Il commença par initier ses élèves à l'arithmétique qui est la première partie des mathématiques. Puis il enseigna à fond la musique, auparavant tout à fait ignorée en Gaule. En disposant les notes sur le monocorde, en distinguant dans leurs consonances et leurs symphonies les tons et les demi-tons, les ditons et les dièses, et en distribuant rationnellement les tons en sons, il en rendit tout à fait sensibles les rapports.

Construction d'une sphère pleine : — Pour manifester la sagacité de ce grand homme et faire sentir plus commodément au lecteur l'efficacité de sa méthode, il n'est pas inutile de dire au prix de quels efforts il a réuni les principes de l'astronomie. Alors que cette science est presque inintelligible, il par-

vint, à l'admiration de tous, à la faire connaître grâce
à quelques instruments. Il représenta d'abord la
sphère du monde en modèle réduit par une sphère
ronde en bois plein ; il l'inclina, avec ses deux pôles,
obliquement sur l'horizon ; il pourvut le pôle supérieur des constellations septentrionales et le pôle
inférieur des constellations australes ; il régla sa
position par le cercle que les Grecs appellent « horizon », et les Latins « limitant » ou « déterminant »
parce que c'est grâce à lui que l'on distingue et
délimite les constellations visibles de celles qui ne le
sont pas. Il plaça la sphère sur l'horizon afin de
montrer de manière utile et probante le lever et le
coucher des constellations. Il initia aussi les élèves
aux sciences naturelles et leur enseigna à comprendre les constellations. La nuit, il se tournait vers les
étoiles brillantes et s'appliquait à faire mesurer leur
oblique sur les diverses régions du monde, tant à
leur lever qu'à leur coucher.

Signification des cercles intermédiaires : — Quant
aux cercles que les Grecs disent « parallèles » et les
Latins « équidistants » et dont le caractère incorpo-
rel n'est pas douteux, voici comment il les faisait
comprendre. Il fabriqua un demi-cercle coupé par
un diamètre, constitua ce diamètre par un tube, aux
extrémités duquel il fit marquer les deux pôles,
boréal et austral. Il divisa d'un pôle à l'autre le demi-
cercle en trente parties. A la sixième à partir du
pôle, il plaça un tube représentant le cercle arctique.
Puis, ayant sauté cinq divisions, il ajouta un tube
indiquant le cercle des pays chauds. Quatre divisions
plus loin, il mit un tube identique pour marquer le

cercle équinoxal. Il divisa selon les mêmes dimensions le reste de l'espace jusqu'au pôle sud.

La structure de cet instrument, avec le diamètre dirigé vers le pôle et la convexité du demi-cercle tourné vers le haut, permettait d'appréhender les cercles invisibles et les gravait profondément dans la mémoire.

Construction d'une sphère très utile pour connaître les planètes : — Il trouva un artifice pour faire voir la révolution des planètes, bien qu'elles se meuvent à l'intérieur du monde en se croisant. Il fabriqua d'abord une sphère circulaire, c'est-à-dire constituée seulement de cercles. Il y plaça les deux cercles que les Grecs appellent « cohérents » et les Latins « incidents » parce qu'ils se coupent. A leurs extrémités, il fixa les pôles. Il fit ensuite passer par les colures cinq autres cercles, dits parallèles, de façon que, d'un pôle à l'autre, la moitié de la sphère soit partagée en trente parties. Et ceci de manière ni vulgaire ni confuse : sur les trente parties de l'hémisphère, il en établit six du pôle au premier cercle, cinq du premier au second, quatre du second au troisième, quatre encore du troisième au quatrième, cinq du quatrième au cinquième, six du cinquième au pôle. Par rapport à ces cercles, il plaça obliquement le cercle dit par les Grecs « loxos » ou « zoe » et par les Latins « oblique » ou « vital », car il contient les figures d'animaux représentant les étoiles. A l'intérieur de cet oblique, il suspendit les cercles des planètes par un admirable artifice. Il démontra de manière très efficace à ses élèves leurs révolutions, leurs hauteurs et leurs distances respectives. De quelle manière ? Il faudrait pour le dire un développement qui nous écarterait de tout propos.

Construction d'une autre sphère pour faire connaître les constellations : — Outre cette sphère, il en fit une autre circulaire, à l'intérieur de quoi il ne disposa pas des cercles, mais sur laquelle il représenta les constellations par des fils de fer de cuivre. Il la traversa d'un tube servant d'axe qui indiquait le pôle céleste. Lorsqu'on le regardait, l'appareil figurait le ciel. Il était fait en sorte que les étoiles de toutes les constellations fussent représentées par des signes sur la sphère. Cet appareil avait ceci de divin : celui même qui ignorait l'art pouvait, sans maître, si on lui montrait l'une des constellations, reconnaître toutes les autres sur la sphère. Ainsi Gerbert instruisait noblement ses élèves. Voilà pour l'astronomie.

GÉOMÉTRIE

Confection d'un abaque : — Il ne prit pas moins de peine à enseigner la géométrie. Pour introduire à cette science, il fit fabriquer par un armurier un abaque, c'est-à-dire une table à compartiments. Elle était divisée dans sa longueur en vingt-sept parties. Il y disposa les neuf chiffres représentant tous les nombres. Il fabriqua aussi mille caractères en corne, à l'image de ces chiffres. Lorsqu'on les déplaçait sur les vingt-sept compartiments de l'abaque, ils indiquaient la multiplication et la division des nombres. De telle sorte, on multipliait et divisait une multitude de nombres, et l'on parvenait au résultat en moins de temps qu'il eût fallu pour formuler l'opération. Celui qui voudrait connaître pleinement cette science, qu'il lise le livre écrit par Gerbert au grammairien Constantin de Saint-Benoît-sur-Loire ; il y trouvera la question abondamment traitée [4].

Dans les écoles épiscopales, l'étude de la langue latine et de ses tournures, appuyée sur des exemples classiques, et l'étude du raisonnement démonstratif, d'après les minces traités de logique où Boèce, au seuil des temps médiévaux, avait en latin brièvement résumé la dialectique grecque, formaient le premier cycle de l'enseignement. Apprentissage des moyens d'expression et de persuasion, il visait, comme le système scolaire antique dont il était issu, à former des orateurs. Quant au second cycle, il entendait communiquer certaines connaissances pratiques (la musique était d'immédiate utilité aux hommes d'Eglise dont la fonction première consistait alors à chanter, à chaque heure du jour, la gloire de Dieu). Mais il offrait aussi une vision globale et intime de la création. Orienté, en effet, vers l'astronomie, l'étude des nombres et des concordances tonales, il montrait l'ordre profond de l'univers, reflété par le mouvement circulaire des astres, par des relations mathématiques et par des rythmes accordés.

III

L'INSTRUCTION DES MOINES

Dans la plupart des monastères — à Cluny notamment — une réaction ascétique, qui s'était mise en marche au début du IXe siècle, avait fortement restreint la part des études. A Saint-Benoît-sur-Loire, Abbon avait développé l'enseignement, mais à Aurillac, par exemple, celui-ci s'arrêtait à la grammaire. Gerbert dut aller chercher des maîtres ailleurs, près d'une cathédrale. L' « école » monastique différait donc généralement de l' « école » épiscopale, et la mentalité des moines de celle des clercs. Les moines, en effet, avaient fui les plaisirs du monde, et ils vivaient dans le silence. Pourquoi les initier aux arts (pervers) de l'éloquence et de la persuasion ? Il leur suffisait de bien connaître le latin, langue de l'Ecriture, et de laisser leur esprit, dans la méditation comme dans la prière, cheminer librement sur les vocables de la langue sacrée. Comme leur existence tout entière était vouée au chant choral dans les cérémonies ininterrompues de la liturgie, l'expérience musicale et la science des rapports harmoniques agissaient sur leur comportement mental avec plus de force que dans le milieu des cathédrales. Mais pour *eux, point de rhétorique ni de dialectique. Cette orientation particulière des études retentit immédiatement sur leur manière de s'exprimer, c'est-à-dire sur leurs livres, et par conséquent sur la plupart des textes ici rassemblés.*

DU DANGER DE LIRE LES POÈTES

Depuis le début du xe siècle, les abbés de Cluny ne cessaient de mettre en garde les frères contre les pernicieuses séductions des lettres profanes. Même attitude chez Raoul Glaber :

Dans le même temps un mal comparable, surgit dans Ravenne. Un nommé Vilgard s'adonnait avec une passion peu commune à l'étude de l'art grammatical (ce fut toujours la coutume des Italiens de négliger les autres arts pour suivre celui-là). Gonflé d'orgueil par les connaissances de son art, il se mit à donner des signes croissants de stupidité : une nuit, les démons prirent l'apparence des poètes Virgile, Horace et Juvénal, ils se montrèrent à lui ; ils feignirent de le remercier de l'amour qu'il mettait à étudier ce qu'ils avaient dit dans leurs livres, et de servir avec tant de bonheur leur renommée aux yeux de la postérité. Par surcroît, ils lui promirent que plus tard il partagerait leur gloire. Corrompu par cette mystification diabolique, il se mit à enseigner avec emphase beaucoup de choses contraires à la sainte foi : il déclarait que les paroles des poètes doivent être crues en tous points. A la fin il fut jugé hérétique et condamné par Pierre, pontife de la

ville. On découvrit alors par toute l'Italie de nombreux sectateurs de ce dogme pernicieux, qui succombèrent eux aussi par le fer ou par le feu[5].

AU FIL DE LA MÉDITATION

*Quant aux mécanismes logiques qui commandaient
la pensée monastique, on peut les découvrir dans
certains passages des* Histoires, *notamment dans la
longue dissertation où Glaber entreprend de réfuter
les erreurs des hérétiques d'Orléans.*

Mais nous aussi, avec les petits moyens de notre
intelligence, nous avons décidé de répondre, ne fût-
ce que peu de choses à ces erreurs que nous venons
d'exposer. Tout d'abord cependant, nous exhortons
tous les fidèles à laisser rasséréner leur cœur par
cette parole prophétique de l'apôtre qui, prévoyant
dans l'avenir de telles trahisons, dit ceci : « Il faut
qu'il y ait des hérésies, pour que l'on distingue ceux
qui ont vraiment la foi. » Ce qui, donc, caractérise le
mieux la sottise de ces hérétiques et nous les montre
vraiment démunis de toute science et de toute
sagesse, c'est qu'ils nient l'existence de l'auteur de
toutes les créatures, c'est-à-dire de Dieu. Car il est
clair que, si toute chose, quelle que soit sa masse ou
sa grandeur, se trouve dominée par la grandeur
d'une autre, on peut connaître par là que tout
procède d'un être plus grand que tout. Et ce
raisonnement vaut à la fois pour les choses corporelles et incorporelles. Il faut aussi savoir que toute
chose, corporelle ou incorporelle, peut bien être

modifiée par quelque accident, quelque impulsion
ou l'action que l'on voudra, elle n'en procède pas
moins évidemment de l'immuable maître des choses,
et c'est par lui, si un jour elle cesse d'exister, qu'elle
trouvera sa fin. Comme en effet l'auteur de toutes
les créatures est de sa propre essence immuable, de
sa propre essence bon et véridique ; comme c'est lui
qui de sa toute-puissance distribue et ordonne de
façon ineffable les diverses espèces de la nature, il
n'y a rien en dehors de lui où elles puissent trouver le
repos, et elles ne peuvent que revenir à celui dont
elles procèdent. Il est clair que rien dans l'univers
n'a été détruit par le Créateur, sinon les espèces qui
transgressent insolemment l'ordre assigné par lui à la
nature. Aussi, toute chose est d'autant meilleure et
d'autant plus vraie qu'elle s'en tient plus solidement
et plus fermement à l'ordre de sa propre nature. Et il
arrive ainsi que toutes les choses qui obéissent
inébranlablement aux dispositions de leur Créateur,
le proclament de manière continuelle en le servant.
Mais s'il en est une qui, pour lui avoir témérairement
désobéi, est tombée dans la déchéance, elle offre
avertissement à celles qui restent dans le droit
chemin. Parmi toutes ces créatures, l'espèce
humaine occupe en quelque sorte le milieu, au-
dessus de tous les animaux et au-dessous des esprits
célestes. Cette espèce donc, comme à mi-chemin
entre les supérieures et les inférieures, devient
semblable à celle dont elle s'approche davantage. Et
c'est pourquoi elle surpasse d'autant plus les êtres
inférieurs qu'elle imite mieux la nature des esprits
supérieurs. Il n'a été donné qu'à l'homme, sur tous
les autres animaux, de s'élever spirituellement ;

mais, en revanche, s'il ne sait pas y réussir, il devient de tous le plus méprisable. Cette condition particulière, dès l'origine, la bonté du Créateur tout-puissant l'a sagement prévue ; elle a vu que le plus souvent l'homme se détournait des cieux et se laissait trop rouler vers le bas ; et elle a, pour cela, dans la suite des temps, suscité, pour l'instruire et pour lui permettre de s'élever, de nombreux prodiges.

Point d'enchaînement logique, point de « raisons » ; mais le fil d'une méditation morale. Au terme — encore une fois — les prodiges.

DÉSIR DE DIEU

De cela portent témoignage tout le livre, toutes les pages des divines Écritures. Ces Écritures, dues à l'enseignement du Tout-Puissant lui-même, et dont l'objet particulier est de fournir de son existence toutes sortes de preuves, élèvent du même coup l'esprit et l'intelligence de l'homme qui en est nourri au souci de connaître son Créateur. En montrant à cet homme à quoi il est supérieur et ce qu'il a au-dessus de lui, elles le remplissent d'un désir insatiable. Car plus il se dégoûte de ce qu'il trouve à sa portée, plus il s'enflamme d'amour pour les biens qui lui manquent ; plus son amour le rapproche de ces biens, plus il se perfectionne et s'embellit ; plus il devient bon, plus il ressemble au Créateur qui est la bonté suprême. Il est donc facile de comprendre que tout homme à qui manque le désir de cet amour

devient certes plus misérable et plus vil que n'importe quel animal ; car, s'il est le seul de tous les
êtres animés à pouvoir poursuivre la béatitude de
l'éternité, pas un animal vivant ne risque comme lui
de connaître la punition éternelle de ses erreurs et de
ses crimes. Mais si un homme désire dans son âme
connaître son Créateur, il faut tout d'abord qu'il
apprenne à prendre conscience de ce qui fait sa
supériorité ; car, au témoignage d'une autorité vénérable l'homme porte en lui l'image de son Créateur,
principalement en ceci qu'il détient, seul des êtres
vivants, le don précieux de la raison. Mais si les
avantages de cette raison sont sauvegardés par la
modération de soi-même et l'amour du Créateur,
c'est-à-dire l'humilité véritable et la charité parfaite,
en revanche ses bienfaits sont annulés par la méprisable concupiscence et par l'emportement.
L'homme qui ne triomphe pas de ces vices est rendu
semblable aux bêtes ; celui qui pratique ces vertus
est façonné à l'image et ressemblance du Créateur :
l'humilité lui donne la notion de ce qu'il est, la
charité le fait accéder à la ressemblance de son
Créateur. Et si les hommes adressent à celui-ci
prières et offrandes, c'est pour lui demander de
préserver intact en eux le don de la raison, ou du
moins pour que sa bonté accroisse et redresse ce don
quand il s'est altéré. Et cependant louanges et
bénédictions montent vers ce même Créateur et sont
pour les hommes sains d'esprit et de raison solide
autant de témoignages de sa connaissance.

Ces signes sont contenus dans l'Ecriture sainte, ils
sont là pour soutenir le désir de Dieu, cet élan

d'amour dont parle l'abbé Jean de Fécamp et qui est la voie de la vraie connaissance, intuitive et non rationnelle. Tout moine pense que l'on ne connaît point par l'intelligence, mais par l'amour et par la pratique des vertus.

L'ÉTUDE, VOIE DE PERFECTION

Plus chacun de nous réussira à progresser dans la connaissance du Créateur, plus il constatera que cette connaissance l'a grandi et amélioré. Et celui-là ne pourra blasphémer en rien l'œuvre de son Créateur, qui à force de le connaître sera devenu meilleur qu'il n'était. Aussi il est clair que quiconque blasphème l'œuvre divine est étranger à la connaissance divine. D'où il suit comme conséquence certaine que, si la connaissance du Créateur conduit tout homme au souverain bien, son ignorance le précipite aux pires des maux. Beaucoup, par leur sottise, n'ont qu'ingratitude pour ses bienfaits, gaspillent les œuvres de sa miséricorde, et se rangent par leur incrédulité au-dessous des animaux ; ceux-ci sont pour toujours plongés dans les ténèbres de leur aveuglement. Et ce qui, pour la plupart des hommes est le meilleur remède qui les conduit à leur salut, n'est pour d'autres, par leur faute, que l'occasion d'un malheur éternel.

Comme le savoir s'inscrit dans les voies de l'éthique et n'a de sens que s'il est instrument de salut, l'étude ne peut être qu'un exercice spirituel, l'un de ceux qui préparent à pénétrer dans le Royaume.

Tout cela se fait comprendre de façon particulièrement claire dans cette grâce singulière du Père tout-puissant, spontanément par lui envoyée du ciel aux hommes par l'intermédiaire du fils coéternel de sa majesté et de sa divinité, Jésus-Christ. Au même titre que son Père source de toute vie, de toute vérité et de toute excellence, il a offert à ceux qui croient en lui sans détour un document méconnu par tous pendant des siècles, voilé d'énigmes et de mystère : celui des Ecritures, rempli de témoignages qui le désignent. Dans ce document, par des paroles véridiques et des prodiges, il montre que lui-même, et son Père, et leur Esprit, ne sont en trois et très certaines personnes distinctes qu'un seul et même être, d'une seule éternité et d'une seule puissance, d'une seule volonté et d'une seule action, et, ce qui est à la fois tout cela, d'une seule bonté et participant également en toutes choses de la même essence. De lui, et par lui, et en lui existent toutes choses réelles, et il a toujours pleinement et également existé avant toute la suite des temps, étant le principe des choses ; et il est la plénitude de tout et la fin de tout. Mais alors que le Tout-Puissant lui-même avait choisi entre les créatures celle qui tient le milieu, c'est-à-dire l'homme, pour y reproduire sa propre image, l'avait laissé à son libre arbitre, et par surcroît lui avait soumis toutes les richesses du monde, cet homme, sans souci de garder la mesure de sa condition, prétendit être plus ou autre chose que ne l'avait décidé la volonté de son Créateur, et tomba aussitôt dans une déchéance aussi grande que sa présomption. Et c'est pour le relever que ce même Créateur a envoyé dans le monde la personne du Fils de sa divinité revêtir cette image de lui-même qu'il avait primitivement formée. Mission aussi bienfaisante et sublime que délicate et admirable. Mais la plupart des hommes ne surent ou ne voulurent lui accorder ni créance ni amour, alors qu'ils auraient pu trouver en elle l'intelligence suffisante à leur salut ; et bien plutôt, enracinés dans leurs erreurs diverses, ils se montrèrent d'autant plus rebelles à la vérité qu'ils étaient évidemment fermés à sa connaissance. Ils sont sans aucun doute à l'origine de toutes les hérésies, de toutes les sectes d'erreur répandues dans toute la terre. Tous ceux-là, s'ils ne se transforment pas, s'ils ne se mettent pas à suivre le Christ après avoir fait pénitence, mieux vaudrait pour eux n'avoir jamais existé. Mais ceux dont l'esprit est plein de foi et qui obéissent au Seigneur, l'aiment et croient en lui, en deviennent d'autant meilleurs qu'ils ont adhéré plus parfaitement à celui qui est l'origine et la perfection de tout bien. Ce sont eux qui constituent tout le louable rassemblement des bienheureux, dont la vénérable mémoire honore toute la suite des siècles. A ceux-là il a été donné d'exister et de vivre pour toujours heureux auprès du Créateur de toutes choses, et de sentir leur béatitude croître sans fin à le contempler. Mais nous croyons maintenant avoir réalisé ce que nous nous proposions, et répondu suffisamment par ce peu de mots aux folies de ces damnés[6].

SYMBOLIQUE

L'essentiel est donc de déchiffrer les messages, « paroles véridiques et prodiges » à la fois, dont sont remplis l'univers visible et l'histoire, et qui abondent dans le texte de l'Ecriture. Dans un égal souci d'élucidation, le savoir des écoles cathédrales et le savoir des monastères se rejoignent, ainsi que dans une méthode, sur quoi se fondent en ce temps, toute pédagogie et toute aventure intellectuelle : l'exégèse. Le maître qui lit devant ses élèves un auteur, Gerbert qui trace sur les sphères les signes des constellations, le moine qui rumine les paroles des Psaumes, espèrent, selon la parole de saint Paul, accéder « par le visible à l'invisible », percer enfin l'énigme du monde, c'est-à-dire atteindre Dieu. La logique n'intervient guère dans une telle recherche ; mais bien plutôt, puisque la création, dans ses dimensions spatiales et temporelles, apparaît comme un tissu de correspondances, la découverte des analogies et le recours aux symboles. De cette méthode, qui fournit la clé de toutes les créations de ce temps, celles de l'art, de la littérature ou de la liturgie, empruntons encore à Raoul Glaber un exemple :

Certains ont coutume de demander pourquoi les temps de la nouvelle foi, ou de la grâce, ne sont plus, comme les anciens, le lieu de visions des choses divines et de miracles. A ceux-là, il faut répondre brièvement en invoquant des témoignages tirés de l'Ecriture sainte elle-même, si du moins leur cœur est ouvert aux dons du Saint-Esprit. Nous choisirons tout d'abord dans le *Deutéronome* un témoignage évident. Après s'être nourri pendant quarante ans de la manne céleste, le peuple des Hébreux traversa le Jourdain et vint dans la terre de Chanaan ; le ciel alors cessa de leur verser la manne, et les fils d'Israël n'usèrent plus désormais de cette sorte d'aliment. Qu'est-ce que cela nous prouve, à nous pour qui presque tout consiste en figures, sinon qu'après avoir franchi, nous aussi, notre Jourdain, c'est-à-dire depuis le baptême du Christ, nous ne devons plus chercher à voir tomber du ciel des signes et des présages ? Et nous devons au contraire nous contenter de ce pain vivant, par qui celui qui s'en nourrit reçoit la vie éternelle et la possession de la terre des vivants. D'autre part, sur l'ordre du Seigneur, Moïse ordonna que tous les vases qui tomberaient comme butin de guerre entre les mains de son peuple seraient purifiés, par l'eau s'ils étaient en bois, et par le feu s'ils étaient en bronze. Cela signifie aussi que les vases, autrement dit les hommes, qui, pris en butin sur l'antique ennemi, sont allés grossir la part du Sauveur, doivent être purifiés par l'eau du baptême et par le feu du martyre. Et ce bâton, changé en serpent, dont Moïse eut si peur qu'il prit la fuite, puis, en le saisissant par le bout de la queue, le fit redevenir bâton, doit être également interprété en symbole typologique. Ce serpent fait d'un bâton désigne la puissance de la divinité revêtue de la chair de la sainte Vierge Marie. Moïse représente le peuple juif qui, voyant le Seigneur Jésus vrai Dieu et vrai homme, s'éloigne de lui avec incrédulité ; mais il le reconnaîtra vers le temps de la fin du monde, ce qui est exprimé par la queue de serpent. Et ce passage de la mer Rouge, dans lequel cette mer est partagée ou soulevée, puis les peuples passés au fil de l'épée, sur l'ordre du Seigneur, signifient évidemment le royaume du peuple israélite, qui subsiste pour un temps, puis s'étiole et s'anéantit. Au début de la nouvelle alliance, au début du règne du Christ, le Seigneur Jésus, debout et marchant sur les flots de la mer, permit à Pierre, qu'il avait mis à la tête de son Eglise, de marcher avec lui ; mais qu'est-ce que cela montre à tous les fidèles, sinon que toutes les nations, soumises et non complètement détruites ou exterminées, serviront de fondement au royaume du Christ qui doit durer dans tous les siècles ? Il y a en effet dans les paroles de Dieu de fréquents passages d'après lesquels la mer est la figure du monde présent.

Souvent, quand on veut élucider avec des mots une très grande question, on échoue et l'on se diminue soi-même ; comme le dit l'Ecriture : « Celui qui veut scruter la majesté du Seigneur est accablé par sa gloire [7]. »

3

Le visible et l'invisible

LES CORRESPONDANCES
MYSTIQUES

La matière et les méthodes de l'enseignement imprimint très profondément dans l'esprit des savants de l'An Mil la conviction d'une cohésion et d'une harmonie essentielles entre la part de l'univers que l'homme peut appréhender par les sens et celle qui échappe à ceux-ci. Entre la nature et la surnature, point de barrière, mais au contraire des communications permanentes, d'intimes et d'infinies correspondances. A travers les mots, progressant de leur signification extérieure vers celle, de plus en plus interne, par quoi l'on s'aventure dans le domaine de l'inconnaissable, le commentaire des grammairiens et des rhéteurs, la glose qui enserre et prolonge la lecture des « auteurs », cherchent pas à pas à démêler l'écheveau embrouillé de ces relations occultes. Quant aux sciences associées du quadrivium, *elles conduisent à discerner les rapports cachés qui unissent aux tons de la musique, les nombres et le cours régulier des étoiles — c'est-à-dire à saisir l'ordonnance du cosmos — c'est-à-dire à découvrir de Dieu une image moins infidèle.*

*Plaçons donc ici, très caractéristique de cette atti-
tude d'esprit et des cadres où se tient alors prisonnière
la pensée savante, cette méditation sur la « quaternité
divine ». Raoul Glaber l'introduit en tête de ses*
Histoires, *comme pour situer son œuvre d'historien à
la jonction du monde visible et de l'invisible, au
carrefour de l'espace et du temps, à la rencontre du
cosmos et du microcosme, de la nature, de la morale
et de la foi.*

Distinguant entre ses créatures par la multiplicité
des figures et des formes, Dieu, créateur de tout, a
voulu aider, au moyen de ce que les yeux voient ou
de ce que saisit l'esprit, l'âme de l'homme savant à
s'élever à une intuition simple de la divinité. Dans la
recherche et la connaissance approfondie de ces
questions brillèrent tout d'abord les Pères grecs
catholiques qui n'étaient pas de médiocres philosophes. En exerçant sur de nombreux objets leur
perspicacité, ils sont arrivés à la notion de certaines
quaternités, par lesquelles l'actuel bas monde et le
monde supérieur qui doit venir sont expliqués à
l'intelligence. Les quaternités et leurs actions les
unes sur les autres, une fois discernées par nous avec
netteté, rendront plus agiles les esprits et les intelli-
gences qui les étudient. Donc, il y a quatre Evangiles, qui constituent dans notre esprit le monde
supérieur ; il y a autant d'éléments, qui constituent le
bas monde ; et aussi quatre vertus, qui sont souve-
raines sur toutes les autres, et, une fois inculquées en

nous, nous forment à les pratiquer toutes. De même, il y a quatre sens, non compris le toucher, qui est au service des autres, plus subtils. Ainsi, ce qu'est l'éther, élément du feu, dans le monde sensible, la prudence l'est dans le monde intellectuel : elle s'élève en effet vers le haut, haletante du désir de s'approcher de Dieu. Ce que l'air est dans le monde corporel, la force l'est dans le monde intellectuel, entretenant tout ce qui vit et fortifiant chacun dans les actes qu'il se propose. De la même façon dont l'eau se comporte dans le monde corporel, la tempérance se comporte dans l'intellectuel : nourrice des bons, apportant avec elle une foule de vertus, et servant la foi par le désir de l'amour de Dieu. Et la terre, dans le monde inférieur, donne une image conforme de la justice dans le monde intellectuel, permanente et immuable règle d'une équitable distribution.

Ainsi, partout on distingue une structure semblable à la structure spirituelle des Evangiles : l'Evangile de Matthieu contient la figure mystique de la terre et de la justice, puisqu'il montre plus clairement que les autres la substance de la chair du Christ fait homme. L'Evangile de Marc donne une image de la tempérance et de l'eau, en faisant voir la pénitence purificatrice découlant du baptême de Jean. Celui de Luc fait apparaître la similitude de l'air et de la force, car il est diffus dans l'espace et corroboré par de nombreux récits. Enfin celui de Jean, plus sublime que les autres, signifie l'éther, source de feu, et la prudence, puisque par lui une connaissance simple de Dieu et la foi s'insinuent dans nos âmes. A ces connexions spéculatives des

éléments, des vertus et des Evangiles, il faut sans
doute à bon droit associer l'homme, au service de
qui toutes ces choses sont mises. Car la substance de
sa vie a été appelée par les philosophes grecs
microcosme, c'est-à-dire petit monde. La vue et
l'ouïe, qui servent l'intelligence et la raison, se
rapportent à l'éther supérieur, qui est le plus subtil
des éléments, et, plus sublime que tous les autres,
est de même plus noble et plus clair. Vient ensuite
l'odorat, qui donne signification de l'air et de la
force. Le goût convient assez bien à donner de l'eau
et de la tempérance une signification appropriée. Et
le toucher, qui est plus bas que toute chose, plus
solide et plus pesant que les autres, porte parfaite
expression de la terre et de la justice.

*Raoul Glaber part d'une figure simple, le carré,
signe mystique de la création matérielle (au centre de
l'église, la nef et le transept établissent par leur
intersection une telle figure, et la sculpture romane y
place volontiers, aux quatre coins, les images des
Evangélistes). Par des rapprochements analogiques,
il s'efforce de mettre en évidence les « connexions
spéculatives » entre le bas monde et le monde « intellectuel ». Ce qui, par une démarche semblable à celle
de la prière, conduit à l'intuition du divin, et implique, de surcroît, une définition mystique de l'histoire :*

Ces incontestables rapports entre les choses nous
prêchent Dieu d'une manière à la fois évidente, belle
et silencieuse ; car tandis que, d'un mouvement
immuable, telle chose présente une autre en soi-

même, en prêchant le principe premier dont elles procèdent, toutes demandent de s'y reposer à nouveau. Il faut aussi, à la lumière de cette réflexion, examiner d'un esprit attentif le fleuve qui sort de l'Eden à l'Orient et se divise en quatre cours très bien connus : le premier, le Phison, dont le nom veut dire ouverture de la bouche, signifie la prudence, laquelle est toujours diffuse et utile dans les meilleurs : car c'est par sa propre inertie que l'homme a perdu le Paradis, et c'est à l'aide de la prudence qu'il doit le reconquérir. Le second, le Géon, dont le nom signifie ouverture de la terre, signifie la tempérance, nourrice de la chasteté, qui extirpe les rameaux des vices. Et le troisième, le Tigre, dont les rives sont habitées par les Assyriens, c'est-à-dire les dirigeants, signifie pour sa part la force, qui, après avoir expulsé les vices prévaricateurs, dirige, avec l'aide de Dieu, les hommes vers les joies du royaume éternel. Quant au quatrième, l'Euphrate, dont le nom veut dire abondance, il désigne évidemment la justice, qui nourrit et réconforte toute âme qui la désire ardemment. Or, de même que l'appellation de ces fleuves porte en elle les images des quatre vertus, et en même temps la figure des quatre Evangiles, de même ces vertus sont contenues en figure dans les époques de l'histoire de ce monde, qui sont divisées en quatre. Car, depuis le commencement du monde jusqu'à la vengeance du déluge, en ceux du moins qui, dans la bonté de la simple nature, connurent leur Créateur et l'aimèrent, la prudence fut reine, comme en Abel, en Enoch, en Noé, ou en tous les autres qui, par la puissance de leur raison, comprirent ce qu'il leur était utile de faire ; il est certain que la tempérance fut la part d'Abraham, et des autres patriarches qui ont été favorisés de signes et de visions, comme d'Isaac, de Jacob, de Joseph et des autres qui, dans la bonne et la mauvaise fortune, aimèrent par-dessus tout leur Créateur ; la force est affirmée par Moïse et par ces autres prophètes, hommes vraiment pleins de solidité, qui ont fondé les prescriptions de la loi, car nous les voyons occupés à appliquer sans faiblir les durs préceptes de la loi ; enfin, depuis la venue du Verbe Incarné, tout le siècle est rempli, régi, et environné par la justice, aboutissement et fonde-ment de toutes les autres vertus, selon les mots que dit au Baptiste la voix de vérité : « Il convient que nous accomplissions toute justice [1]. »

ORDRE SOCIAL ET SURNATURE

Il est d'autres manifestations de la conformité du visible à l'invisible. On la saisit, par exemple, dans la structure de la société humaine, laquelle se trouve homologue à cette autre société qui, dans l'au-delà, peuple le Royaume des cieux. Rendre perceptible une coordination aussi intime, tel est bien le propos de l'évêque Adalbéron de Laon, lorsqu'il décrit pour le roi Robert le Pieux l'ordonnance des relations humaines. La pensée du prélat tend à se perdre dans les virtuosités verbales et rythmiques à quoi poussaient, dans les écoles épiscopales, les raffinements de la rhétorique. Elle parvient cependant à décrire la nouvelle hiérarchie des classes dont la rigueur, à ce moment même, pendant le second quart du XIe siècle, vient s'imposer à tous les hommes capables de réflexion; nul d'entre eux ne doutera désormais que le genre humain ne se trouve, depuis la création, réparti en trois ordres, l'ordre de ceux qui prient, l'ordre de ceux qui combattent, l'ordre de ceux qui travaillent. Ce n'est point ici le lieu de préciser dans quelle mesure cette représentation mentale traduit la réalité vécue et s'ajuste aux nouveaux comportements que libèrent les progrès de la décomposition féodale. Puisque nous nous tenons au plan des attitudes intellectuelles et des réactions sentimentales, il suffit d'indiquer que, pour Adalbéron, la légitimité de la nouvelle répartition des conditions sociales tient à ce que celle-ci répond harmonieusement à l'ordre qui régit la société spirituelle. Dieu, créant l'homme à son image, n'a-t-il pas disposé des hiérarchies semblables dans le ciel et sur la terre ? On ne saurait admettre, en tout cas, que les deux cités, la naturelle et la surnaturelle, la terrestre et la divine, manifestent entre elles quelque discordance.

Adalbéron s'adresse au roi Robert comme à son égal : par une semblable cérémonie, le sacre, l'évêque et le souverain ont, en effet, reçu de Dieu la sagesse qui leur permet de percer le voile des apparences.

LA JÉRUSALEM CÉLESTE

Souviens-toi de la grande gloire dont t'a comblé le Roi des rois ; il t'a dans sa clémence accordé un don plus précieux que tous les autres : il t'a donné l'intelligence de la vraie sagesse, grâce à quoi tu peux comprendre la nature des choses célestes et éternelles. Tu es destiné à connaître la Jérusalem céleste, avec ses pierres, ses murs, ses portes, toute son architecture, et les citoyens qu'elle attend et à l'intention de qui elle a été édifiée. Ses nombreux habitants sont séparés, pour être mieux gouvernés, en classes distinctes ; la toute-puissance divine y a imposé une hiérarchie. Je t'en épargne le détail, qui serait long et fastidieux.

Le roi

La science n'est pas mon affaire ; laissons toujours cela à la divine Providence. Mais l'esprit humain tient de près à la divinité, et celui-là ne peut se connaître qui veut ignorer ce qui est au-dessus de lui. Cette puissante Jérusalem n'est autre, je pense, que la vision de la sérénité divine ; le Roi des rois la gouverne, le Seigneur règne sur elle, et c'est à cette fin qu'il la répartit en classes. Aucune de ses portes n'est cloisonnée du moindre métal ; les murs n'y sont point faits de pierres, et les pierres n'y forment pas de murs ; ce sont des pierres vivantes, vivant l'or qui pave les rues, et dont l'éclat passe pour plus resplendissant que celui de l'or le plus fin. Bâtie pour être la demeure des anges, elle s'ouvre aussi à des foules de mortels ; une partie de ses habitants la gouverne, l'autre y vit et y respire. C'est tout ce que j'en sais, mais j'aimerais qu'on m'en dise plus long.

L'évêque

Le lecteur assidu souhaite de connaître le plus de choses possible ; alors qu'un esprit somnolent et sans ardeur a coutume d'oublier même ce qu'il a appris autrefois. Roi très cher, compulse les livres de saint Augustin ; il passe à bon droit pour avoir expliqué ce qu'est la sublime cité de Dieu.

Le roi

Dis-moi, évêque, je te prie, quels sont ceux qui l'habitent ; les princes, s'il y en a, sont-ils égaux entre eux, ou, sinon, quelle en est la hiérarchie ?

L'évêque

Interroge Denys, dit l'Aréopagite : il a pris la peine d'écrire deux livres sur ce sujet. Le saint pontife Grégoire en parle aussi dans ses *Moralia,* où il cherche à analyser la foi du bienheureux Job ; il en traite aussi fort clairement dans ses homélies, et encore à la fin de son *Ezéchiel,* non moins clairement ; ces écrits, la Gaule les a reçus de lui en présent. De telles choses échappent aux conceptions des mortels. Je vais te les exposer ; ensuite je te dirai le sens allégorique de mes paroles.

Saint Augustin, Denys l'Aréopagite et Grégoire le Grand sont bien les trois auteurs fondamentaux sur quoi s'appuie, dans les cloîtres de l'An Mil, tout l'effort d'élucidation du mystère, et ce qui pousse la méditation vers les illuminations divines. Adalbéron s'y réfère pour définir les deux traits majeurs de la Jérusalem céleste, cette demeure radieuse qu'à la fin du monde contemplera l'humanité ressuscitée : elle se dispose en hiérarchie comme la cité terrestre ; « demeure des anges », elle est tout ouverte aux mortels qui cheminent vers elle, puisque, dans le plan divin, la communication doit finalement s'établir entre les deux parts de l'univers.

LA SOCIÉTÉ ECCLÉSIASTIQUE

Le peuple céleste forme donc plusieurs corps, et c'est à son image qu'est organisé le peuple de la terre. Dans la loi de l'Ancienne Eglise de son

peuple, Eglise qui porte le nom symbolique de
Synagogue, Dieu, par l'intermédiaire de Moïse, a
établi des ministres dont il a réglé la hiérarchie.
L'histoire sainte raconte quels ministres y ont été
institués. L'ordre de notre Eglise est appelé le
royaume des Cieux. Dieu lui-même y a établi des
ministres sans tache, et c'est la loi nouvelle que l'on
y observe sous le règne du Christ. Les canons des
conciles, inspirés par la foi, ont déterminé comment,
sur quels titres et par qui les ministres doivent y être
institués. Or, pour que l'Etat jouisse de la paix
tranquille de l'Eglise, il est nécessaire de l'assujettir
à deux lois différentes, définies l'une et l'autre par la
sagesse, qui est la mère de toute vertu. L'une est la
loi divine : elle ne fait aucune différence entre ses
ministres ; selon elle, ils sont tous égaux de condition, si différents entre eux que la naissance ou le
rang les établissent ; un fils d'artisan n'y est pas
inférieur à l'héritier d'un roi. A ceux-ci, cette loi
clémente interdit toute vile occupation mondaine.
Ils ne fendent point la glèbe ; ils ne marchent pas
derrière la croupe des bœufs ; à peine s'occupent-ils
des vignes, des arbres, des jardins. Ils ne sont ni
bouchers, ni aubergistes, pas plus que gardeurs de
porcs, conducteurs de boucs ou bergers ; ils ne
criblent point le blé, ignorent la cuisante chaleur
d'une marmite graisseuse ; ils ne font point trémous-
ser des porcs sur le dos des bœufs ; ils ne sont pas
blanchisseurs, et dédaignent de faire bouillir le linge.
Mais ils doivent purifier leur âme et leur corps ;
s'honorer par leurs mœurs, et veiller sur celles des
autres. La loi éternelle de Dieu leur ordonne d'être
ainsi sans tâche ; elle les déclare affranchis de toute

condition servile. Dieu les a adoptés : ce sont ses
serfs ; il est leur seul juge ; du haut des cieux, il leur
crie d'être chastes et purs. Il leur a soumis par ses
commandements le genre humain tout entier ; pas
un prince n'en est excepté, puisqu'il a dit « tout
entier ». Il leur ordonne d'enseigner à garder la
vraie foi, et de plonger ceux qu'ils ont instruits dans
l'eau sainte du baptême ; il les a constitués médecins
des plaies qui peuvent gangrener les âmes, et ils sont
chargés d'y appliquer les cautères de leurs paroles. Il
ordonne que seul le prêtre ait qualité pour adminis-
trer le sacrement de son corps. Il lui confie la
sublime mission de l'offrir lui-même. Ce que la voix
de Dieu a promis ne sera point refusé, nous le
croyons, nous le savons ; à moins d'en être chassés
par leurs propres crimes, ces ministres doivent aller
s'asseoir aux premières places dans les cieux. Ils
doivent donc veiller, s'abstenir de bien des aliments,
prier sans cesse pour les misères du peuple et pour
les leurs. J'ai dit là peu de chose du clergé, peu de
chose de son organisation ; le point essentiel, c'est
que les clercs sont égaux en condition.

*Alors que dans l'Eglise, sise à la jonction entre le
charnel et le sacré, Dieu veut que s'annulent toutes les
distinctions sociales, on voit la société civile, plus
enfoncée dans le matériel, se diviser en ordres. Et
c'est l'autorité conjointe du roi (de France) et de
l'Empereur (roi de Germanie), l'un et l'autre images
de Dieu sur la terre, qui garantit la stabilité d'une telle
ordonnance.*

LES TROIS ORDRES

Le roi

Ainsi la maison de Dieu est une, et régie par une seule loi ?

L'évêque

La société des fidèles ne forme qu'un corps ; mais l'Etat en comprend trois. Car l'autre loi, la loi humaine, distingue deux autres classes : nobles et serfs, en effet, ne sont pas régis par le même statut. Deux personnages occupent le premier rang : l'un est le roi, l'autre l'empereur ; c'est par leur gouvernement que nous voyons assurée la solidité de l'Etat. Le reste des nobles a le privilège de ne subir la contrainte d'aucun pouvoir, à condition de s'abstenir des crimes réprimés par la justice royale. Ils sont les guerriers, protecteurs des églises ; ils sont les défenseurs du peuple, des grands comme des petits, de tous enfin, et assurent du même coup leur propre sécurité. L'autre classe est celle des serfs : cette race malheureuse ne possède rien qu'au prix de sa peine. Qui pourrait, par les billes de la table à calcul, faire le compte des soins qui absorbent les serfs, de leurs longues marches, de leurs durs travaux ? Argent, vêtement, nourriture, les serfs fournissent tout à tout le monde ; pas un homme libre ne pourrait subsister sans les serfs.

La maison de Dieu, que l'on croit une, est donc divisée en trois : les uns prient, les autres combattent, les autres enfin travaillent. Ces trois parties qui coexistent ne souffrent pas d'être disjointes ; les services rendus par l'une sont la condition des œuvres des deux autres ; chacune à son tour se charge de soulager l'ensemble. Ainsi, cet assemblage triple n'en est pas moins un ; et c'est ainsi que la loi a pu triompher, et le monde jouir de la paix[2].

III

PRÉSENCE DES DÉFUNTS

Le politique et le social sont ainsi conçus comme les projections d'un ordre immanent ; aux ecclésiastiques revient la mission fondamentale d'établir rituellement les liaisons entre le monde des rois, des chevaliers et des paysans et celui des anges. Mais, pour la même raison profonde, il existe aussi des relations constantes entre le pays des morts et celui des vivants. Les défunts vivent en effet ; ils lancent des appels, et l'on doit être attentifs à percevoir ceux-ci. C'est précisément en l'An Mil que l'Eglise d'Occident accueille enfin les très vieilles croyances dans la présence des trépassés, dans leur survie, invisible, mais cependant peu différente de l'existence charnelle. Ils hantent un espace incertain entre la terre et la cité divine. Ils attendent là, de leurs amis et de leur parenté, des secours, un service, des prières, des gestes liturgiques capables de soulager leurs peines. On les voit paraître, à plusieurs reprises, dans le récit de Raoul Glaber. Mais ceux qui perçoivent de tels messages de l'au-delà sont eux-mêmes très vite happés par la mort.

A l'époque suivante *(995),* la nation des Sarrasins, avec son roi Al Mançour, sortit des contrées africaines, occupa presque tout le territoire espagnol jusqu'aux confins méridionaux de la Gaule, et fit de grands massacres de chrétiens. Malgré l'infériorité de ses forces, Guillaume, duc de Navarre, dit le Saint, les attaqua à maintes reprises. La pénurie des effectifs obligea même les moines du pays à prendre les armes temporelles. Il y eut de lourdes pertes de part et d'autre ; enfin la victoire fut accordée aux Chrétiens, et, après avoir sacrifié beaucoup des leurs, ce qui restait de Sarrasins se réfugia en Afrique. Mais dans cette longue suite de combats succombèrent évidemment beaucoup de religieux chrétiens, qui en prenant les armes avaient obéi à des sentiments de charité fraternelle bien plutôt qu'à je ne sais quel prétentieux désir de gloire.

A cette époque un frère nommé Goufier, de mœurs douces et charitables, vivait au monastère de Moûtiers-Saint-Jean, en Tardenois. Un dimanche, il eut une vision divine bien digne de créance. Alors qu'après la célébration des matines il se recueillait pour prier dans le monastère pendant que les autres frères allaient prendre quelque repos, soudain l'église entière se remplit d'hommes vêtus de robes blanches et parés d'étoles pourpres, dont la grave contenance instruisait assez de leur qualité celui qui les voyait. A leur tête marchait, portant la croix en main, un homme qui se disait l'évêque de nombreux peuples, et assurait qu'il leur fallait le jour même célébrer en ce lieu la sainte messe. Lui et les autres déclaraient avoir assisté cette nuit-là à la célébration des matines avec les frères du monastère. Et ils

ajoutaient que l'office de laudes qu'ils y avaient
entendu convenait parfaitement à ce jour. C'était le
dimanche dans l'octave de la Pentecôte, jour auquel,
en réjouissance de la résurrection du Seigneur, de
son ascension et de la venue du Saint-Esprit, on a
coutume dans la plupart des pays de psalmodier des
répons aux paroles vraiment sublimes, d'une mélo-
die délicieuse, et aussi dignes de la divine Trinité que
peut l'être un ouvrage de l'esprit humain. L'évêque
s'approcha de l'autel de saint Maurice martyr et,
entonnant l'antienne de la Trinité, se mit à y
célébrer la sainte messe. Cependant notre frère
demandait qui ils étaient, d'où ils venaient, la raison
de cette visite. Ils ne firent point difficulté à lui
répondre :

« Nous sommes, dirent-ils, des religieux chrétiens ; mais, pour protéger notre patrie et défendre
le peuple catholique, nous avons, dans la guerre des
Sarrasins, été séparés par le glaive de notre humaine
enveloppe corporelle. C'est pourquoi maintenant
Dieu nous appelle tous ensemble à partager le sort
des bienheureux ; mais il nous a fallu passer par ce
pays-ci parce qu'il s'y trouve beaucoup de gens qui
vont à bref délai se joindre à notre compagnie. »

Celui qui célébrait la messe, à la fin de l'oraison
dominicale, donna la paix à tous, et envoya l'un
d'eux donner aussi le baiser de paix à notre frère.
Celui-ci, le baiser reçu, vit que l'autre lui faisait
signe de le suivre. Comme il voulait marcher à leur
suite, ils disparurent. Et le frère comprit que dans
peu de temps il allait sortir de ce monde, ce qui ne
manqua pas d'arriver.

En effet, cinq mois après avoir eu cette vision, c'est-à-dire en décembre suivant, il se rendit sur l'ordre de son abbé à Auxerre pour y soigner quelques frères du monastère de Saint-Germain qui étaient malades ; car il était instruit dans l'art de la médecine. Dès son arrivée, il se mit à engager ses frères, pour qui il était venu, à prendre soin de faire au plus vite ce qu'il fallait pour leur guérison. Il savait en effet que sa mort était proche. Ils lui répondirent :

« Fais-nous la grâce de te reposer aujourd'hui des fatigues du voyage, afin que demain tu te trouves en meilleur état. »

Il répondit :

« Si je ne termine pas aujourd'hui ce qui me reste à faire, autant qu'il m'est possible, vous verrez que demain je ne ferai rien de tout cela. »

Ils crurent qu'il plaisantait, car il avait toujours eu le caractère gai, et oublièrent ses avis. Mais à l'aube du jour suivant, il fut pris d'une douleur aiguë ; il gagna comme il put l'autel de la bienheureuse Marie toujours vierge pour y célébrer la sainte messe. Quand il l'eut dite, il retourna à l'infirmerie, et, déjà en proie à d'intolérables souffrances, s'étendit sur son lit. Comme il arrive en pareil cas, le sommeil s'appesantit sur ses paupières au milieu de ses angoisses. Soudain il vit devant lui la Vierge dans sa splendeur, rayonnant d'une lumière immense, et qui lui demandait de quoi il avait peur. Comme il la considérait, elle ajouta :

« Si c'est le voyage que tu redoutes, tu n'as rien à craindre ; je te servirai de protectrice. »

Rassuré par cette vision, il pria de venir auprès de

lui le prévôt du lieu, nommé Achard, homme d'un profond savoir, qui fut depuis abbé de ce monastère, et lui conta par le menu cette vision et aussi la précédente. Celui-ci dit :

« Réconfortez-vous, mon frère, en le Seigneur ; mais comme vous avez vu ce qu'il est rarement donné aux hommes de voir, il faut que vous payiez le tribut de toute chair, afin que vous puissiez partager le sort de ceux qui vous sont apparus. »

Et les autres frères, convoqués, lui firent la visite d'usage en pareil cas. A la fin du troisième jour, comme la nuit tombait, il quitta son corps. Tous les frères le lavèrent selon la coutume, lui préparèrent un linceul, firent sonner toutes les cloches du monastère. Un laïque, homme cependant très religieux, qui demeurait dans le voisinage, ignorant la mort du frère, crut que les cloches sonnaient matines, et se leva comme il en avait l'habitude pour aller à l'église. Au moment où il arrivait à un pont de bois qui se trouvait à peu près à mi-chemin, plusieurs personnes du voisinage entendirent du côté du monastère des voix qui criaient : « Tire ! Tire ! Amène-le-nous bien vite ! »

A ces voix, une autre répondait :

« Celui-ci, je ne puis, mais je vous en amènerai un autre s'il y a moyen. »

Au même instant, l'homme qui se rendait à l'église crut voir devant lui sur le pont un de ses voisins (c'était un diable) qui venait à lui, et dont il ne pouvait avoir peur : il l'appela par son nom, et lui dit de traverser avec précaution. Mais aussitôt l'esprit malin, prenant la forme d'une tour, se dressa dans les airs, voulant tendre un piège à notre homme

pendant qu'il suivait des yeux ses fallacieux prestiges. Tout occupé de ce qu'il voyait, le malheureux
fit un faux pas et tomba rudement sur le pont. Il se
releva bien vite et se protégea par un signe de croix ;
reconnaissant dans ce mauvais tour la malignité du
démon, il rentra chez lui, plus prudent. Peu après
d'ailleurs, il mourut en paix à son tour[3].

IV

RELIQUES

Ainsi les mots du texte sacré et la musique de la psalmodie ne sont pas seuls, par leurs rythmes et la diversité de leur sens, à frayer les voies de l'invisible. Les choses elles aussi en ouvrent parfois les portes, et l'au-delà se révèle alors aux yeux et aux oreilles de l'homme, non plus par des symboles, mais par des phénomènes. Les plus savants des ecclésiastiques prêtent donc attention aux charmes, aux sortilèges, aux ambiguïtés familières à la pensée sauvage, et à toutes les médiations magiques. Pour eux point de doute : des influx étranges, émanant de l'autre monde troublent, de temps à autre, les rythmes réguliers de la nature. Le mystère se trouve présent en perma-nence, visible, tangible.

ROIS THAUMATURGES

Incontestablement, en effet, le merveilleux jaillit sans cesse de personnes et d'objets sacrés. Et d'abord de la main royale. Car l'onction de l'huile sainte a, le jour du sacre, imprégné le corps du roi de la gloire et

de la force divines. Il est depuis lors rempli d'une
puissance surnaturelle. Par son toucher, il guérit.
Helgaud fut le premier à décrire les miracles du roi de
France :

Le beau palais qui est à Paris avait été construit
sur l'ordre du roi Robert par ses gens. Voulant, au
saint jour de Pâques, l'honorer de sa présence, il
ordonna de dresser la table selon l'usage royal.
Comme il tendait ses mains aux ablutions, un
aveugle surgit de la foule des pauvres qui, se
pressant autour de lui, faisait son perpétuel cortège,
et le supplia humblement de lui asperger d'eau le
visage. Et lui, tout aussitôt, prenant pour un jeu la
prière du pauvre, dès qu'il eut de l'eau sur les mains,
la lui jeta au visage. Aussitôt, sous les yeux de tous
les grands du royaume qui étaient présents, l'aveugle
fut guéri en recevant cette eau ; et tandis que tous le
congratulaient en bénissant le Seigneur, le roi s'assit
à table et fut le plus joyeux des convives. Tout le
jour ceux qui avaient pris part au festin en parlèrent,
louant le Dieu tout-puissant : et peut-être n'auraient-
ils parlé que de choses vaines et oiseuses, si en
ce jour ils n'avaient été éclairés par une telle
lumière. Et l'on peut croire non sans raison que ce
palais mérite d'être honoré fréquemment du séjour
royal, puisque la vertu divine l'a illustré par un tel
miracle et l'a consacré par la joie du peuple, le
premier jour où le roi très pieux voulut y festoyer.

POUVOIRS DES CORPS SAINTS

Cependant il existe alors des objets où, mieux encore que dans l'apparition des morts et dans les pouvoirs merveilleux du roi, l'on voit l'autre monde pénétrer dans le quotidien de la vie d'ici-bas et s'opérer la rencontre entre le christianisme et les croyances profondes du peuple. Ces objets sont ce qui reste de l'existence terrestre des saints, leur corps, leurs ossements, leur tombeau, ce sont les reliques. Sur le respect que ces débris inspirent repose, en fait, tout l'ordre social; puisque tous les serments, qui tentent de discipliner le tumulte féodal, sont en effet prêtés la main sur un reliquaire.

Fort d'une justice rigoureuse, ce même roi sérénissime (Robert le Pieux) s'appliquait à ne point souiller sa bouche par des mensonges, mais au contraire à établir la vérité dans son cœur et dans sa bouche; et il jurait assidûment par la foi du Seigneur notre Dieu. C'est pourquoi, voulant rendre aussi purs que lui-même [en les soustrayant au parjure] ceux de qui il recevait le serment, il avait fait faire un reliquaire de cristal, décoré tout autour d'or fin, mais vide de toute relique de saint, sur lequel juraient ses grands, ignorants de sa pieuse fraude. Il en fit faire un autre en argent, dans lequel il mit un œuf de l'oiseau appelé griffon, et sur lequel il faisait prêter serment aux moins puissants et aux paysans[4].

Privé des reliques qu'il contient, un sanctuaire perd aussitôt ce qui fait sa valeur :

Vers ces jours, Geoffroi, abbé de Saint-Martial, successeur d'Aubaut, accompagné du comte Boson, s'en fut, avec une grande troupe de guerriers, dans une église que quelques seigneurs avaient injustement enlevée à saint Martial ; il y prit le corps de saint Vaulry et le rapporta avec lui à Limoges. Il garda là les reliques de ce saint confesseur jusqu'au jour où ces coupables seigneurs reconnurent et proclamèrent le bon droit de saint Martial. Et quand celui-ci fut ainsi, rentré en possession de son bien, l'abbé rendit le corps saint au sanctuaire d'où il l'avait retiré ; et, en présence du duc Guillaume, il y établit la discipline monastique[5].

Les plus belles cérémonies de ce temps, et tous les fastes de la création artistique, accompagnent la découverte et la translation des reliques, lesquelles, environnées de légendes, partent quelquefois en voyage, se visiter l'une l'autre.

INVENTION DU CRÂNE DE JEAN-BAPTISTE

En ces jours, *raconte Adémar de Chabannes,* le Seigneur daigna jeter un vif éclat sur le règne du sérénissime duc Guillaume [d'Aquitaine]. C'est en effet de son temps que le chef de saint Jean fut découvert en la basilique d'Angély, enfermé dans un coffre de pierre façonné en forme de pyramide, par le très illustre abbé Audouin : on dit que ce saint chef est proprement celui du Baptiste Jean. En l'apprenant, le duc Guillaume, qui revenait de Rome à l'issue des fêtes de Pâques, fut rempli de joie et décida qu'on exposerait le saint chef à la vue du peuple. Ce chef était conservé dans un reliquaire d'argent, à l'intérieur duquel se lisent ces mots : « Ici repose le chef du Précurseur du Seigneur. » Mais quant à savoir par qui, à quelle époque et de quel lieu cette relique fut apportée là, ou même s'il s'agit vraiment du Précurseur du Seigneur, c'est ce qui n'est pas très sûrement établi. Dans l'histoire du roi Pépin, où on peut lire tous les moindres détails, il n'est pas fait mention de cet événement, qui est pourtant des plus considérables ; et le récit qu'on en a fait ne doit nullement être pris au sérieux par les gens instruits. Dans cet écrit fantaisiste, il est en effet raconté qu'au temps où Pépin était roi d'Aquitaine, un certain Félix apporta par mer le chef de saint Jean-Baptiste d'Alexandrie en Aquitaine, et qu'en ce temps Alexandrie était gouvernée par l'archevêque Théophile, de qui saint Luc fait mention au début des Actes des Apôtres, quand il dit : « J'ai d'abord parlé de tout, ô Théophile... » ; il y aurait eu ensuite en Aunis un combat entre le roi Pépin et les Vandales, et ce même chef, imposé par le roi à ses compagnons tués, les aurait aussitôt ressuscités. Or Pépin n'a point vécu à l'époque de Théophile ni au temps des Vandales, et l'on ne lit nulle part que le chef du saint Précurseur du Seigneur se soit jamais trouvé à Alexandrie. Nous voyons au contraire en d'antiques légendes que le chef du saint Précurseur fut tout d'abord découvert par deux moines qui eurent la révélation du lieu où il était ; puis l'empereur Théodose le transféra en la cité royale de Constantinople, et c'est là qu'il est offert à la vénération des fidèles.

Donc, pour revenir à notre propos, quand on exposa le chef de saint Jean qui venait d'être découvert, toute la Gaule, l'Italie et l'Espagne, émues de cette nouvelle, se hâtèrent à l'envi d'accourir en ce lieu. Le roi Robert et la reine, le roi de Navarre, le duc de Gascogne Sanche, Eudes de Champagne, les comtes et les grands, avec les évêques, les abbés et toute la noblesse de ces pays, affluèrent. Tous offraient de précieux présents de toute nature ; le roi de France offrit un plat d'or fin pesant trente livres et des étoffes tissées de soie et d'or pour décorer l'église ; il fut reçu avec honneur par le duc Guillaume, puis retourna en France par Poitiers. On n'avait jamais rien vu de plus réjouissant ni de plus glorieux que ce grand concours de chanoines et de moines, chantant des psaumes en portant les reliques des saints, qui se hâtaient de toutes parts pour honorer la mémoire du saint Précurseur. Au cours de ces fêtes, les reliques de ce grand prince, qui est le père de l'Aquitaine et le premier fécondateur de la foi dans les Gaules, c'est-à-dire le bienheureux apôtre Martial, furent transférées là avec les reliques de saint Etienne de la cathédrale de Limoges. Comme, dans une châsse d'or et de pierres précieuses, on sortait les reliques de saint Martial de sa propre basilique, bientôt toute l'Aquitaine, qui depuis longtemps avait souffert d'inondations du fait des pluies excessives, retrouva avec joie, au passage de son père, la sérénité de son ciel. Faisant cortège à ces reliques, l'abbé Geoffroi et l'évêque Géraud, avec de nombreux seigneurs et une innombrable foule de peuple, se rendirent à la basilique du Sauveur, à Charroux. Les moines du lieu et tout le peuple vinrent à leur rencontre jusqu'à un mille de la ville et, célébrant en grande pompe ce jour de fête, entonnant les antiennes à pleine voix, les conduisirent jusqu'à l'autel du Sauveur. Et, la messe dite, on les accompagna de la même façon. Et, une fois entrés dans la basilique du saint Précurseur, l'évêque Géraud y célébra devant le chef du saint la messe de la Nativité de saint Jean-Baptiste ; car on était au mois d'octobre. Les chanoines de Saint-Etienne chantèrent alternativement avec les moines de Saint-Martial tropes et laudes comme il se fait aux jours de fête ; et après la messe l'évêque bénit le peuple avec le chef de saint Jean ; et ainsi, en se réjouissant vivement des miracles accomplis en chemin par saint Martial, tous s'en retournèrent, le cinquième jour avant la fête de la Toussaint. Vers cette époque le saint confesseur Léonard, à Limoges, et le saint martyr Antonin, en Quercy, se mirent à se signaler par d'éclatants miracles, et de toutes parts les peuples affluaient vers eux.

MERVEILLES

... Quand on transféra les reliques de saint Cybard vers le saint Précurseur, on transporta en même temps le bâton de ce saint confesseur. Ce bâton pastoral est recourbé à son extrémité supérieure ; et pendant les heures de la nuit, jusqu'au lever du soleil, l'on voyait resplendir dans le ciel, au-dessus des reliques du saint, un bâton de feu également recourbé à son extrémité supérieure ; ce prodige dura jusqu'à ce que l'on fût arrivé devant le chef de saint Jean ; et après que saint Cybard eut accompli des miracles en guérissant des malades, on s'en retourna en grande liesse. Pendant que les chanoines de Saint-Pierre d'Angoulême faisaient route avec leurs reliques, ceux qui les portaient, revêtus des tuniques consacrées, traversèrent un fleuve profond sans s'en trouver mouillés ; comme s'ils avaient marché en terrain sec, on ne vit sur eux, ni sur leurs vêtements, ni sur leurs chaussures, aucune trace d'eau.

Cependant, après que le chef de saint Jean eut été suffisamment exposé à la vue du peuple, on le retira sur l'ordre du duc Guillaume et on le rangea dans la pyramide où il se trouvait primitivement, et à l'intérieur de laquelle il est conservé dans son reliquaire d'argent suspendu par des chaînettes du même métal. La pyramide elle-même est en pierre, recouverte de panneaux de bois entièrement revêtus d'argent provenant de celui que le roi Sanche de Navarre offrit en abondance au bienheureux Précurseur.

Et dans les grandes solennités, des foules de fidèles exaltés s'écrasent dans les couloirs des cryptes autour des reliquaires :

Au milieu du Carême, pendant les vigiles de la nuit, comme une grande foule entrait dans ce même sanctuaire et se pressait autour du tombeau de saint Martial, plus de cinquante hommes et femmes se piétinèrent mutuellement et expirèrent à l'intérieur de l'église ; ils furent enterrés le lendemain[6].

V

MIRACLES

Aux plus hauts niveaux de la conscience religieuse, il peut alors apparaître certain que les miracles ne sont pas nécessaires à la foi ni au salut, que ce qui compte c'est le spirituel, et que le merveilleux n'est que l'écume de l'éternel. Hervé, trésorier de Saint-Martin de Tours, avait fait reconstruire la basilique pour y déposer le reliquaire du saint.

On raconte que, quelques jours avant cette translation, Hervé avait prié le Seigneur de manifester son affection pour cette église son épouse en daignant, comme il l'avait fait autrefois, accomplir par l'intermédiaire de saint Martin quelque miracle. Pendant qu'il était abîmé dans sa prière, ce saint confesseur lui apparut et lui adressa avec douceur la parole en ces termes :

« Ce que tu demandes, mon très cher fils, apprends que c'est peu de chose en comparaison de ce que le Seigneur a la puissance de t'accorder ; mais pour le moment les miracles que l'on a déjà vus autrefois devront suffire, car le plus urgent est de récolter la moisson déjà semée. Seuls les biens qui élèvent les âmes doivent faire l'objet des prières de tous. Pour les âmes, n'oublie jamais d'implorer la miséricorde divine. Tu sauras que pour ma part j'intercède auprès du Seigneur en faveur de ceux qui, dans le présent, servent assidûment cette église-ci. Certains d'entre eux, occupés plus que de raison des affaires de ce monde, et de plus accomplissant leur service par les armes et la guerre, ont péri égorgés dans un combat. Je ne te cacherai pas que j'ai eu beaucoup de peine à obtenir de la clémence du Christ qu'ils fussent arrachés aux mains des serviteurs des ténèbres, et obtinssent leur place aux lieux du rafraîchissement et de la lumière. Quant au reste, achève d'accomplir ton vœu, qui est très agréable au Seigneur. »

Au jour fixé pour la dédicace, on vit arriver les évêques et les abbés, ainsi qu'une innombrable multitude de fidèles, hommes et femmes, clercs et laïques ; avant de commencer les solennités, le très vénérable Hervé prit à part les plus saints des prêtres qui étaient venus et eut soin de leur rapporter sa vision. Quand la cérémonie fut accomplie selon les usages et que tous les objets du culte furent rangés, ce saint homme commença à s'infliger les mortifications d'une vie plus ascétique encore, et à passer sa vie en solitaire dans une étroite cellule voisine de l'église en récitant psaumes et prières. Au bout de quatre ans, il sentit qu'il allait bientôt quitter ce monde ; sa santé empirait de jour en jour ; beaucoup accoururent pour le visiter, et s'attendaient à ce que sa mort fût marquée par quelque miracle, à en juger par le mérite qu'ils voyaient en cet homme. Mais lui, avec sagacité, les engagea à s'occuper d'autre chose et les prévint qu'ils devaient s'attendre à ne voir aucun signe extraordinaire ; et il les adjurait plutôt de mettre plus de zèle à prier pour lui le Seigneur très saint. Comme approchait l'heure de sa mort, les mains et les yeux levés au ciel, il ne cessait de répéter : « Pitié, Seigneur ! Pitié, Seigneur ! » Et c'est en prononçant ces mots qu'il rendit le dernier soupir ; il fut enterré dans cette même église au lieu même où jadis se trouvait la sépulture du bienheureux Martin [7].

Mais la foi du peuple, elle, en ce temps, se nourrit de merveilles. Le besoin du prodige, du contact physique avec les forces de la surnature pousse les foules vers les sanctuaires que favorise la fréquence des miracles et vers les reliquaires cachés dans l'ombre des cryptes et des martyria. Cette inclination irrésistible, et tous les profits qu'elle rendait possibles, expliquent l'intense commerce des reliques, et tant de supercheries dont tous les hommes de ce temps ne furent pas dupes.

IMPOSTURES

L'autorité divine, par la voix de Moïse, donne aux Juifs cet avertissement : « S'il se trouve parmi vous un prophète qui, parlant au nom d'un dieu quelconque des Gentils, prédit quelque événement futur, et que par hasard cet événement arrive, ne croyez pas en cet homme : car c'est le Seigneur votre Dieu qui vous tente pour voir si vous l'aimez ou non. » Notre temps fournit, dans un cas différent, un exemple équivalent. A l'époque qui nous occupe vivait un homme du peuple, brocanteur fort habile, dont le nom et la patrie étaient d'ailleurs ignorés ; car il changeait constamment de résidence pour éviter d'être reconnu, s'affublant de faux noms et trompant sur sa province d'origine. Des tombeaux, il exhumait en cachette des ossements provenant de défunts tout récents, les mettait en divers coffrets et les vendait à quantité de gens comme des reliques de saints martyrs ou confesseurs. Après avoir commis d'innombrables escroqueries dans les Gaules, il dut s'enfuir et arriva dans la région des Alpes, où habitent les peuplades stupides qui d'ordinaire font leur séjour dans les montagnes. Là, il prit le nom d'Etienne, de même qu'il s'était fait appeler ailleurs Pierre ou Jean. Et là encore, selon sa coutume, il alla de nuit recueillir dans un lieu des plus communs les ossements d'un homme inconnu ; il les mit dans un reliquaire et dans une châsse ; il prétendit savoir, par une révélation que lui auraient faite les anges, qu'il s'agissait des restes du saint martyr nommé Just. Bientôt, le peuple se comporta comme d'habitude en pareil cas, et tous les paysans à l'esprit épais accoururent au bruit de cette nouvelle ; désolés même quand ils n'avaient pas quelque maladie dont ils pussent implorer la guérison. Ils amenèrent les infirmes, ils apportèrent leurs pauvres offrandes, attendant jour et nuit quelque miracle soudain. Or, nous l'avons dit, les esprits malins ont parfois la permission d'en faire. Ce sont là de ces tentations que les hommes s'attirent par leurs péchés. On en eut là un exemple manifeste. Car on vit toutes sortes de membres tordus se redresser, et bientôt des ex-voto de toutes les formes se balancer dans les airs. Cependant, ni l'évêque de Maurienne, ni celui d'Uzès, ni celui de Grenoble, dont les diocèses servaient de théâtre à de pareils sacrilèges, ne mirent aucune diligence à enquêter sur l'affaire. Ils préféraient tenir des colloques dans lesquels ils ne s'occupaient que de lever sur le peuple d'injustes tributs, et en même temps de favoriser cette supercherie.

Cependant Manfred, le très riche marquis, entendit parler de l'affaire ; il envoya ses gens s'emparer de vive force de cet illusoire objet de culte, ordonnant de lui rapporter ce qu'on prenait pour un vénérable martyr. Ce marquis avait en effet entrepris l'établissement d'un monastère dans le bourg fortifié de Suse, le plus ancien des Alpes, en l'honneur du Dieu tout-puissant et de sa Mère Marie toujours vierge. Il avait l'intention, quand l'édifice serait achevé, d'y faire déposer ce saint et toutes les autres reliques qu'il pourrait trouver. Bientôt, les travaux de l'église furent achevés, et il fixa le jour de la dédicace ; il invita les évêques du voisinage, avec lesquels vinrent l'abbé Guillaume de Volpiano, déjà si souvent nommé, et quelques autres abbés. Notre brocanteur aussi se trouvait là ; il s'était gagné les bonnes grâces du marquis en lui promettant de découvrir sous peu des reliques encore bien plus précieuses, provenant de saints dont il inventait trompeusement les actes, les noms et les détails de leur martyre, comme tout le reste. Quand les gens les plus savants lui demandaient comment il avait appris de pareilles choses, il débitait bruyamment des invraisemblances ; j'y étais moi-même, venu à la suite de mon abbé tant de fois nommé. Il disait :

« La nuit m'apparaît un ange, qui me raconte et m'apprend tout ce qu'il sait que je désire savoir ; et il reste avec moi aussi longtemps que je ne l'invite pas à s'en aller. »

Comme à ces mots nous répondions en lui demandant s'il voyait cela éveillé ou dans son sommeil, il ajouta :

« Presque chaque nuit, cet ange m'enlève de mon lit à l'insu de ma femme ; et, après une longue conversation, il me quitte en me saluant et en m'embrassant. »

Nous sentîmes dans ces propos un mensonge maladroit, et connûmes que cet homme n'était pas un homme angélique, mais bien un serviteur de la fraude et de la malignité.

Cependant les prélats, en opérant rituellement la consécration de l'église qui était l'objet de leur voyage, mirent avec les autres reliques les ossements découverts par ce sacrilège imposteur, non sans grande liesse de tout le peuple accouru en foule à sa suite. Or, cela se passait le 16 des calendes de novembre. Ce jour avait été choisi parce que les partisans de la supercherie prétendaient qu'il s'agissait des os mêmes de saint Just, qui subit le martyre à cette date en la ville de Beauvais, en Gaule, et dont le chef fut transféré et est conservé à Auxerre, où le saint était né et avait été élevé. Mais moi, qui savais de quoi il retournait, je traitais ces propos de sornettes. D'ailleurs les personnages les plus distingués avaient décelé l'imposture et se rangeaient à mon opinion. Or, la nuit suivante, quelques moines et d'autres personnes religieuses eurent dans cette église des apparitions monstrueuses ; et de la châsse qui renfermait les ossements, ils virent sortir des figures de nègres tout noirs, qui se retirèrent de l'église. Mais depuis, beaucoup de gens pleins de bon sens eurent beau vouer à l'abomination cette supercherie détestable, cela n'empêcha point la foule paysanne de vénérer en la personne de ce brocanteur corrompu le nom d'un homme injuste comme s'il eût été Just lui-même, et de persévérer dans son erreur. Pour nous, nous avons raconté cette histoire afin que l'on prenne garde aux formes si variées des supercheries diaboliques et humaines qui abondent de par le monde, et qui ont notamment une prédilection pour ces sources et ces arbres que les malades vénèrent sans discernement[8].

VICTOIRE DU CULTE DES RELIQUES

Le cours de telles croyances se montrait parfois si puissant que les plus savants se laissaient emporter par lui. Bernard, maître des écoles d'Angers, lorsqu'il découvrit l'Aquitaine, fut d'abord profondément choqué par les formes que revêtait dans cette région la dévotion populaire aux reliques. Les premiers reliquaires anthropomorphes qu'il entrevit parurent à ses yeux des idoles, aussi pernicieuses que les statues du paganisme. Mais, bien vite, il fut captivé lui-même. C'est ce qui apparaît dans les Miracles de sainte Foy :

QU'IL EST PERMIS, DU FAIT D'UNE COUTUME INDÉRACINABLE CHEZ LES GENS SIMPLES, DE DRESSER DES STATUES DE SAINTS PARCE QU'IL

N'EN RÉSULTE AUCUN DOMMAGE POUR LA RELI-
GION, ET D'UN EXEMPLE DE VENGEANCE
CÉLESTE.

Il existe une habitude vénérable et antique, aussi
bien dans les pays d'Auvergne, de Rodez et de
Toulouse, que dans les régions avoisinantes : chacun
élève à son saint, selon ses moyens, une statue en or,
en argent ou en un autre métal, dans laquelle on
enferme soit la tête du saint, soit quelque autre
partie vénérable de son corps. Du fait que cette
pratique semblait à bon droit superstitieuse aux gens
savants — ils pensaient que s'y perpétuait un rite du
culte des anciens dieux ou plutôt des démons — je
crus moi aussi, ignorant, que cette coutume était
mauvaise et tout à fait contraire à la religion
chrétienne, lorsque je contemplai pour la première
fois la statue de saint Géraud installée sur un autel.
Statue remarquable par son or très fin, ses pierres de
grand prix et reproduisant avec tant d'art les traits
d'un visage humain que les paysans qui la regardaient se sentaient percés d'un regard clairvoyant et
croyaient saisir parfois, dans les rayons de ses yeux,
l'indice d'une faveur plus indulgente à leurs vœux.
Bientôt souriant en moi-même de mon erreur je me
tourne vers mon compagnon Bernier et lui adresse
en latin ces mots : « Que penses-tu, frère, de cette
idole ? Jupiter ou Mars n'auraient-ils pas agréé une
statue pareille ? » Bernier alors, déjà guidé par mes
paroles, répondit avec assez d'esprit, dissimulant la
critique sous la louange. Il n'avait pas tort. Car là où
l'on rend au Dieu unique, tout-puissant et vrai un
juste culte, il paraît néfaste et absurde de fabriquer

des statues en plâtre, en bois, en métal, sauf quand il s'agit du Seigneur en croix. Que l'on façonne avec piété une telle image, pour faire vivre le souvenir de la Passion du Seigneur, soit au ciseau, soit au pinceau, la sainte église catholique le permet. Mais le souvenir des saints, les yeux humains ne doivent le contempler que dans les récits véridiques ou des figures peintes sur les murs, en couleurs sombres. Nous n'avons pas de raison d'accepter les statues de saints, si ce n'est par la force d'un abus ancien et d'une coutume ancrée de façon indéracinable chez les gens simples. Cet abus a tellement de force dans les lieux dont j'ai parlé, que si j'avais à voix haute donné mon opinion alors sur la statue de saint Géraud, peut-être aurais-je été châtié comme un criminel.

Enfin, le troisième jour nous arrivâmes près de sainte Foy. Il advint par hasard et par chance que, lorsque nous entrâmes au monastère, l'endroit retiré, où l'on garde la vénérable image, était ouvert. Arrivés devant elle, nous étions si à l'étroit en raison du grand nombre de fidèles prosternés que nous ne pûmes nous incliner nous aussi. J'en fus fâché et restai debout à regarder l'image. Dans ces termes exacts, je formule ma prière : « Sainte Foy, toi dont la relique repose dans ce simulacre, secours-moi au jour du Jugement. » A ce moment-là je jette en souriant un regard de côté vers mon élève Bernier. Je pensais alors qu'il était vraiment inepte et hors de sens que tant d'êtres doués de raison suppliassent un objet muet et sans intelligence. Mais c'étaient là paroles vaines, conception mesquine, qui

ne jaillissaient pas d'un cœur droit : cette image
sacrée n'est pas consultée comme une idole au
moyen de sacrifices, mais elle est honorée en souvenir de la vénérable martyre au nom du Dieu tout-
puissant. Mais moi la méprisant comme si elle avait
été Vénus ou Diane, je l'avais traitée de simulacre.

Et je me repentis, dans la suite, amèrement, de
ma conduite stupide envers la sainte de Dieu. Le
révérend Augier, un homme probe et vénérable,
doyen à ce moment-là (j'ai appris qu'il était devenu
ensuite abbé) me raconta, entre autres miracles
l'aventure du clerc Ulric. Cet homme se croyait
sensiblement plus savant que les autres : un jour où
l'on était obligé de transporter la sainte image en
d'autres lieux, il avait tellement retourné les esprits
que, arrêtant la procession des pèlerins, il déblaté-
rait contre la sainte martyre, et formulait je ne sais
quelles inepties sur son image.

La nuit suivante, comme il délassait ses membres
recrus de fatigue, il lui sembla qu'une dame lui
apparaissait en songe revêtue d'une majesté terrifiante. « Eh bien, dit-elle, misérable, comment t'es-
tu permis de dénigrer mon image ? » Après ces
mots elle frappa son ennemi de la baguette qu'on lui
voyait à la main et le laissa. Aussi longtemps qu'il
survécut il put raconter cette vision pour la postérité.
Il ne reste donc aucun argument pour discuter si la
statue de sainte Foy doit être tenue en vénération,
puisqu'il est clair et net que ses détracteurs attaquent
en fait la sainte martyre elle-même ; j'ajoute qu'il n'y
a pas là d'idole impie donnant lieu à un rite de
sacrifice ou de divination, mais qu'il s'agit du pieux
mémorial d'une vierge sainte devant lequel les

fidèles trouvent plus dignement et plus abondamment la componction qui leur fait implorer pour leurs péchés sa puissante intercession. Voici peut-être l'explication la plus sage. Certes, cette enveloppe de reliques saintes est fabriquée en forme d'une figure humaine quelconque suivant le désir de l'artiste, mais elle est remarquable par un trésor bien plus précieux que jadis l'arche de la Loi. S'il est vrai que dans cette statue est conservé intact le chef d'une si grande martyre, il est hors de doute que l'on a là une des plus belles perles de la Jérusalem céleste. Et la bonté suprême opère même, en vertu de ses mérites, de tels miracles que nous n'avons pu en trouver l'équivalent à notre époque chez un autre saint par témoignage direct ou indirect.

Par conséquent la statue de sainte Foy ne comporte rien qui nécessite interdiction ou blâme, puisque, semble-t-il, aucune erreur ancienne n'en a été renouvelée, les pouvoirs des saints n'en ont pas été réduits, et la religion n'en a subi aucun dommage [9].

MIRACLES DE SAINTE FOY

Bernard, enfin convaincu, appliqua donc son talent à relater les étonnants prodiges que les ossements, enfermés dans la statue d'or, suscitaient autour d'eux.

Des brassards d'or.

J'ajoute maintenant que personne n'a pu recenser tous les miracles que le Seigneur a daigné opérer par l'intermédiaire de sainte Foy; ceux qui ont été retenus, un seul homme ne suffirait pas à les écrire. Je veux pourtant ajouter quelques mots sur des faits déjà connus dont on m'a parlé afin de n'être pas taxé de mutisme à cause d'une discrétion excessive, ni d'importunité pour ma prolixité. Je connais l'ancien dicton : « Tout ce qui est rare est précieux. » C'est ainsi que je n'écris qu'un petit nombre de faits destinés à l'édification de l'ensemble de la communauté, pour leur donner du prix. Le Christ me pardonnera cette faute de passer sous silence, volontairement, un grand nombre de miracles.

Il s'agit d'Arsinde, épouse du comte Guillaume de Toulouse, le frère de ce Pons, qui fut tué par ruse, après ces événements, par son beau-fils Artaud. Cette femme avait des bracelets d'or, ou plutôt, puisqu'ils montaient jusqu'au coude, des brassards magnifiques merveilleusement ciselés et ornés de pierres de prix. Une nuit où elle reposait seule sur sa noble couche, elle voit en songe apparaître à ses yeux une très belle jeune fille. Tout en admirant son extraordinaire beauté, elle lui pose cette question :

« Dis-moi, ô dame, qui donc es-tu ? »
Sainte Foy d'une voix douce répondit à sa demande :
« Je suis sainte Foy, femme, n'en doute pas. »
Arsinde, aussitôt, d'une voix suppliante lui dit :
« O sainte dame, pourquoi donc as-tu daigné venir vers une pécheresse ? » Sainte Foy alors fait connaître à son interlocutrice le motif de sa venue :
« Donne-moi, dit-elle, les brassards d'or que tu

possèdes ; rends-toi à Conques et dépose-les sur l'autel du saint Sauveur. Car c'est là le motif de mon apparition. »

A ces mots, la femme, avisée, ne voulant pas laisser échapper un tel don sans compensation, reprit : « O sainte dame, si par ton intercession Dieu m'accorde d'enfanter un fils, j'exécuterai avec joie ce que tu m'ordonnes. »

Sainte Foy lui répondit :

« Le Créateur tout-puissant le fera très facilement pour sa servante, à condition que tu ne me refuses pas ce que je te demande. »

La femme, le lendemain, prenant à cœur cette réponse, s'enquit avec zèle du pays où est situé le bourg appelé Conques : à cette époque, en effet, la réputation de la puissance singulière de Conques n'avait, sauf en de rares cas, pas débordé son territoire. Des initiés l'ayant renseignée, elle s'acquitta en personne du pèlerinage ; portant les brassards d'or avec grande piété, elle les offrit à Dieu et à sa sainte. La digne femme passa les fêtes de la Résurrection du Sauveur en ces lieux en y participant et rehaussa la solennité par sa présence ; puis elle rentra dans son pays. Elle vit aussitôt se réaliser la promesse faite par l'apparition et mit au monde un garçon. De nouveau enceinte, elle accoucha d'un second fils, et leurs noms furent : pour le premier-né Raymond, pour le second Henri.

Dans la suite les brassards furent fondus pour façonner un retable [10].

D'une vengeance céleste contre des gens qui voulaient voler le vin des moines.

... Le chevalier Hugues, qui exerce le pouvoir dans ce bourg, ordonna à deux serviteurs, puis à un troisième, de s'emparer du vin des moines, entreposé au domaine de Molières. Ce domaine était voisin du bourg en question : la distance ne dépassait pas deux milles.

Ceux-ci se séparèrent et parcourant les différents chemins entre les maisons du village, ils cherchaient des chariots pour transporter le vin ; le premier d'entre eux, un certain Benoît, eut affaire à un paysan naïf qui l'exhorta de tout son cœur à ne pas mener à sa fin le mal commencé. Mais il répondit, dit-on, de cette façon blasphématoire : « Est-ce donc que sainte Foy boit du vin ? C'est idiot ! Ignores-tu que celui qui ne boit pas de vin ne peut en manquer ? » Malheureux celui qui est étranger à la signification propre des mots et qui ignore que celui qui porte tort aux ministres des saints, lèse de toute évidence les saints eux-mêmes, et qu'il attente non seulement aux saints, mais au Seigneur Christ, lequel ressent les souffrances dans le corps d'autrui et dont les saints ne sont rien d'autre que des membres intimement liés à lui. Comme on lui disait que le gardien du cellier n'était pas là, il se vanta de porter la barre de fermeture sur le bout du pied et dit que nulle part les vantaux n'étaient d'une telle solidité qu'on ne pût les briser de la seule poussée du pied. Tout en parlant, sans faire le moindre effort, il secoua le mur de la maison où il entrait, montrant

avec évidence avec quelle vigueur il allait enfoncer
les portes du cellier. Cependant comme, de nouveau, pour la seconde fois, il donnait des coups de
pied, son genou fléchit sous lui, ses nerfs paralysés
par leur propre entremêlement perdirent toute capacité de mouvement et se raidirent jusqu'au tréfonds ;
les articulations immobilisées, il s'affala misérable-
ment à terre. L'orifice immonde s'élargit jusqu'à
l'oreille ; les ordures sortirent de son ventre et,
répandues de façon ignoble, il apparut clairement
combien son angoisse était horrible et poignante. Le
malheureux, ainsi torturé par un supplice effroyable,
ne traîna plus sa misérable existence que deux
jours [11].

D'un mulet ressuscité.

La manifestation de la toute-puissance divine à
propos de la résurrection d'un mulet par l'entremise
de sainte Foy n'est pas moins digne de louange et de
publication. Il est malséant qu'une créature raison-
nable rougisse de raconter ce que le Créateur
suprême n'a pas eu honte de faire. Qu'on ne soit pas
surpris si le Créateur miséricordieux des êtres veille
sur ses créatures de toutes espèces, puisqu'il est
écrit : « Seigneur, tu secourras bêtes et gens. »
L'histoire que je vais dire est de cet ordre.

Un chevalier du pays toulousain, nommé Bonfils
(son fils toujours en vie est connu sous le même
nom) venait au lieu consacré à la Sainte, lorsque, à
environ deux milles du bourg de Conques, sa
monture, blessée je ne sais comment, tomba raide
morte. Il amena deux paysans à qui il demanda

d'écorcher l'animal. Quant à lui, qui avait fait le voyage par amour pour la sainte, il continua jusqu'au sanctuaire : là se jetant à terre, il répandit ses prières, il exposa ses vœux. A la fin il se plaignit devant la statue dorée de la sainte martyre de la perte de son mulet. Car justement il s'agissait d'un mulet remarquable, presque incomparable, et c'était alors qu'il se plongeait dans les œuvres pieuses, que l'Ennemi, victorieux, lui avait causé ce dommage. La solidité de cette foi mérite d'être exaltée bien haut ; car lorsque l'homme eut fini sa prière, le mulet, se débarrassant des deux paysans qui le tenaient par les pieds pour l'écorcher, se dressa, ô miracle, dans un saut plein de vie, et galopant à travers les collines sur la trace de ses compagnons de voyage fit irruption dans le bourg.

[...] Il y a quelque temps, un groupe d'Angevins partit en voyage pour faire ses dévotions dans cette ville célèbre et peuplée dont le nom ancien est à peu près effacé (sauf erreur, c'était Anicium), mais le peuple l'appelle « Notre-Dame-du-Puy ». Là, les gens dont nous parlons rencontrèrent un individu impie et hérétique qui déclarait habiter à proximité de Conques. Quand il apprit qu'il avait affaire à des Angevins : « Connaissez-vous, leur dit-il, un certain Bernard, qui, rentrant cette année de Conques, a laissé là je ne sais combien d'écrits mensongers sur sainte Foy ? Par quel raisonnement pourra-t-on jamais accorder foi à des histoires d'yeux arrachés puis remis en place ou d'animaux ressuscités ? J'ai bien entendu attribuer à sainte Foy, comme aux autres saints, d'autres prodiges — et même d'extraordinaires. Mais pour quelle raison, par quelle nécessité, Dieu aurait-il ressuscité des bêtes ? Quand on a du bon sens, on ne peut ni ne doit résoudre de telles énigmes. »

Qu'un tel homme est aveugle et insensé ! Il a un cœur de pierre celui qui transforme en ténèbres la lumière reçue, qui garde intact, le malheureux, après les eaux du baptême le vieil homme sorti du sein maternel, intact, mais encore bien pire après la régénération de l'Esprit. Si cet homme avait vécu au temps de la Passion du Seigneur, il aurait sûrement nié avec les juifs la résurrection de Lazare, ou la guérison de l'oreille coupée. Oui, cet homme s'est montré fils du Diable, ennemi de la Vérité, serviteur de l'Antéchrist [12].

MIRACLES DE SAINT BENOÎT

Saint Benoît n'agit pas autrement que sainte Foy contre ceux qui portent atteinte à ses droits :

Dans la région bourguignonne, dans le territoire de Troyes, il y avait un domaine appartenant à saint Benoît, nommé Taury qu'un avoué [seigneur assumant la garde d'une propriété ecclésiastique] appelé Geoffroy défendait contre les gens de l'extérieur, mais dévastait aussi lui-même avec plus de violence que n'importe quel étranger. Les moines l'exhortaient souvent à s'abstenir de tels méfaits, mais il n'en faisait rien. Le saint père Benoît obtint donc de Dieu que cet homme soit frappé par le fouet du châtiment avant que le fonds ne fût anéanti par sa malice. Un jour qu'il résidait dans sa propre demeure, à l'intérieur de ladite ville de Troyes, et qu'il exerçait la justice sur les paysans, un chien noir, plein de rage, s'approcha et, sans toucher aucun autre dans l'assistance, se jeta sur lui, lui déchira le nez et le visage par ses morsures et s'éloigna. Devenu fou, l'avoué fut conduit par des amis dans la basilique de Saint-Denis ; il reprit un peu, mais pas tout à fait, ses sens et revint chez lui. Comme aux maux qu'il infligeait aux pauvres de Saint-Benoît, il en ajoutait de pires, il fut saisi par un démon, enchaîné et enfermé dans une petite chambre où il rendit le dernier soupir. Tous ceux qui le connaissaient dirent qu'il avait subi ce sort à cause de sa cruauté envers les paysans du précieux confesseur Benoît [13].

Puisque l'univers forme un tout cohérent, puisqu'il contient une immense part invisible et puisque des reflets, des signes, des appels, venus de ces provinces mystérieuses, retentissent au sein des apparences sensibles, il appartient aux hommes d'Eglise, qui ont mission d'entremise entre le sacré et le profane, de guetter attentivement tous ces avertissements. Sans doute sont-ils d'abord sensibles à l'ordre qui régit tout le monde créé, et pour eux l'histoire, normalement, suit un cours régulier comme l'est celui des astres, stable comme devrait l'être le pouvoir impérial. Toutefois, il est bien évident que cet ordre est parfois dérangé, que des troubles se manifestent dans l'eau, l'air, la terre ou le feu, ou dans les humeurs de l'homme, que la trajectoire d'une comète vient couper les cercles concentriques où se meuvent les étoiles et que la guerre rompt souvent l'équilibre politique. De tels événements révèlent, à la surface des apparences, les conflits, les agitations secrètes dont, dans ses profondeurs, le monde invisible est le lieu. Et le trouble dont ils portent témoignage est celui de Dieu lui-même. C'est dire qu'ils concernent très directement chaque homme et son salut. Voici pourquoi les écrivains de l'An Mil, accoutumés à l'exégèse, formés par l'étude de la grammaire et de la musique à percevoir des harmonies et des correspondances, qui tous étaient persuadés de la cohésion cosmique et qui vivaient dans l'attente de la fin des temps, se sont appliqués à noter l'insolite et à lui donner un sens. Voici pourquoi leur récit prend l'allure d'un tissu de prodiges.

4

Les prodiges du Millénaire

I

LES SIGNES DANS LE CIEL

Les récits des historiens antiques, dont le texte sert à l'étude de la grammaire, ont accoutumé à trouver naturel que la mort des héros, c'est-à-dire des saints, de l'empereur et des rois, soit accompagnée d'un cortège de phénomènes inhabituels. Il paraît donc tout à fait normal que, en mémoire du Christ, le temps du millénaire soit celui des plus grands prodiges. L'ordre du monde se montre alors perturbé par des troubles divers mais qui se lient les uns aux autres. Non point qu'ils s'enchaînent par une série de relations causales. Ils se répondent, ils sont frères : ils procèdent tous d'un même et très profond malaise.

COMÈTES

Le dérèglement d'abord est cosmique. Toujours les annalistes avaient soigneusement noté les météores. Raoul Glaber et Adémar de Chabannes font large place à la comète de 1014, et relient à ce signe de feu les incendies qui éclatèrent conjointement.

Pendant le règne du roi Robert apparut dans le ciel, du côté de l'occident, une de ces étoiles qu'on appelle comètes ; le phénomène commença au mois de septembre, un soir à la nuit tombante, et dura près de trois mois. Brillant d'un très vif éclat, elle remplissait de sa lumière une vaste portion du ciel et se couchait vers le chant du coq. Quant à savoir si c'était une étoile nouvelle que Dieu envoyait, ou une étoile dont il avait simplement multiplié l'éclat en signe miraculeux, cela n'appartient qu'à Celui qui dans sa sagesse règle toutes choses mieux qu'on ne saurait le dire. Ce qui toutefois est sûr, c'est que, chaque fois que les hommes voient se produire dans le monde un prodige de cette sorte, peu après s'abat visiblement sur eux quelque chose d'étonnant et de terrible. Il arriva en effet bientôt qu'un incendie détruisit l'église de Saint-Michel-Archange, qui se dresse sur un rocher au bord de la mer Océane, et fait jusqu'à présent l'objet de la vénération du monde entier [1].

A cette époque, une comète, ayant en plus large et en plus long la forme d'un glaive, apparut vers le septentrion pendant plusieurs nuits de l'été ; et il y eut en Gaule et en Italie maintes villes, châteaux et monastères détruits par le feu, parmi lesquels Charroux, qui fut avec la basilique du Sauveur la proie des flammes. De même, l'église Sainte-Croix d'Orléans, et le monastère de Saint-Benoît de Fleury, et bien d'autres sanctuaires, furent dévorés par le feu [2].

ÉCLIPSES

L'année même du millénaire de la Passion, le 29 juin 1033, eut lieu l'éclipse de soleil, dont parlent aussi Sigebert de Gembloux et les Annales de Bénévent, qui la disent « très ténébreuse ».

La même année, la millième après la Passion du Seigneur, le troisième jour des calendes de juillet, un vendredi vingt-huitième jour de la lune, se produisit une éclipse ou obscurcissement du soleil, qui dura depuis la sixième heure de ce jour jusqu'à la huitième et fut vraiment terrible. Le soleil prit la couleur du saphir, et il portait à sa partie supérieure l'image de la lune à son premier quartier. Les hommes, en se regardant entre eux, se voyaient pâles comme des morts. Les choses semblaient toutes baigner dans une vapeur couleur de safran. Alors une stupeur et une épouvante immenses s'emparèrent du cœur des hommes. Ce spectacle, ils le comprenaient bien, présageait que quelque lamentable plaie allait s'abattre sur le genre humain. Et en effet, le même jour, qui était celui de la naissance des apôtres, en l'église de saint Pierre, quelques-uns de la noblesse romaine, conjurés, se soulevèrent contre le pape de Rome, voulurent le tuer, n'y réussirent point, mais le chassèrent néanmoins de son siège...

D'ailleurs, on vit alors de par le monde, dans les affaires ecclésiastiques aussi bien que dans celles du siècle, force crimes contre le droit et la justice. Une cupidité effrénée faisait qu'on ne rencontrait chez

presque personne cette foi envers les autres qui est le
fondement et le soutien de toute bonne conduite. Et
pour qu'il fût plus évident que les péchés de la terre
retentissaient jusque dans les cieux : « le sang recou-
vrit le sang », comme le cria le prophète devant les
continuelles iniquités de son peuple. Depuis lors, en
effet, dans presque tous les ordres de la société,
l'insolence se mit à foisonner, la sévérité et les règles
de la justice atténuèrent leur rigueur, de sorte que
l'on put appliquer très exactement à notre génération la parole de l'apôtre : « On entend parler parmi
vous de méfaits inconnus parmi les peuples. » Une
avidité éhontée envahissait le cœur humain, et la foi
défaillait chez nous. De là naissaient les pillages et
les incestes, les conflits d'aveugles cupidités, les vols
et les infâmes adultères. Hélas ! chacun avait horreur
d'avouer ce qu'il pensait de lui-même. Et malgré
cela, nul ne se corrigeait de sa funeste habitude du
mal[3].

COMBATS D'ÉTOILES

*Il arriva même, comme l'observa Adémar de
Chabannes en 1023, que les étoiles combattissent
entre elles comme le faisaient au même moment les
puissances de la terre.*

En ces jours, au mois de janvier, vers la sixième
heure, se produisit une éclipse de soleil d'une heure ;
la lune aussi subit alors des troubles fréquents,
tantôt devenant couleur de sang, tantôt d'azur
sombre, et tantôt disparaissant. On vit aussi, dans la

partie australe du ciel, dans le signe du Lion, deux étoiles qui se battirent entre elles pendant tout l'automne ; la plus grande et la plus lumineuse venait de l'Orient, la plus petite de l'Occident. La plus petite courait comme furieuse et effrayée jusqu'à la plus grande, qui ne lui permettait point d'approcher, mais, la frappant avec sa crinière de rayons, la repoussait au loin vers l'Occident.

Dans le temps qui suivit mourut le pape Benoît, auquel succéda Jean. Basile, empereur des Grecs, mourut, son frère Constantin devint empereur à sa place. Herbert, archevêque de Cologne, quitta la vie humaine, et une fois mort s'illustra par des miracles. L'empereur Henri mourut à son tour, sans laisser de fils et laissa les insignes impériaux à son frère Bruno, évêque d'Augsbourg, et à l'achevêque de Cologne, ainsi qu'à celui de Mayence, pour qu'ils élussent après lui un empereur. Les évêques firent une assemblée de tout le royaume et ordonnèrent des litanies et des jeûnes pour rendre le Seigneur favorable en cette affaire. Les peuples élurent Conrad, neveu du défunt empereur Henri. Les évêques, mieux inspirés, choisirent un autre Conrad, époux d'une nièce d'Henri, parce qu'il avait un caractère énergique, et un jugement très droit. Ils l'ordonnèrent dans l'état royal par l'huile du sacre à Mayence, et lui remirent le sceptre, la couronne, et la lance de saint Maurice. A l'approche de Pâques, le prince marcha sur Rome avec une armée innombrable ; les citoyens romains refusèrent de lui ouvrir ; voyant qu'il ne réussirait pas à entrer sans un grand massacre d'hommes, l'empereur Conrad ne

voulut point souiller de sang humain la fête de
Pâques, et pour cela, se tint à Ravenne. C'est là que
le seigneur pape lui apporta la couronne impériale
et, le jour de Pâques, le couronna de ses mains
empereur des Romains. L'année suivante, en ce
même jour de Pâques, le seigneur empereur Conrad
fit sacrer son fils à Aix-la-Chapelle. Ce roi sacré était
alors tout jeune et se nommait Henri. A la cérémonie assistèrent des évêques venus tant d'Italie que de
Gaule. Ainsi Conrad, de l'avis du pape de Rome et
de tous les évêques et grands du royaume, qui le
voyaient muni de la balance de la justice, assuma
l'Empire. Cependant ce Conrad plus jeune, élu par
les suffrages du peuple aveuglé, entreprit contre lui
la guerre civile ; mais l'empereur parvint à le prendre
vivant et le retint en prison aussi longtemps qu'il le
jugea à propos. Ce sont ces événements qui avaient
été annoncés dans les astres par le signe de la grande
et de la petite étoile[4].

II

DÉRÈGLEMENTS BIOLOGIQUES

MONSTRES

Le trouble retentit sur les êtres vivants et se manifeste par l'apparition de monstres annonciateurs, eux aussi, de discordes.

La quatrième année du millénaire on vit une baleine d'une surprenante grosseur qui fendait les flots au lieu-dit Berneval, allant depuis les régions du septentrion vers celles de l'occident. Elle apparut un matin de novembre, à l'aurore, semblable à une île, et on la vit continuer sa route jusqu'à la troisième heure du jour, jetant la stupeur et l'étonnement dans l'esprit des spectateurs. Après l'apparition de ce présage marin, le tumulte de la guerre commença soudain sur toute l'étendue du monde occidental, à la fois dans les pays de la Gaule et dans les îles d'outre-mer, celles des Angles, des Bretons et des Ecossais. Comme il arrive si souvent, ce furent les méfaits du plus petit peuple qui plongèrent dans la discorde les rois et les autres seigneurs ; dans leur courroux ils commencent alors par désoler les populations, et en viennent finalement de s'entr'é-gorger eux-mêmes.

ÉPIDÉMIES

Mais la complexion de l'homme, ce microcosme, se trouve à son tour soumise au désordre. Le genre humain, en premier lieu, est frappé dans sa structure corporelle. Nous savons bien que les épidémies et les famines étaient des phénomènes normaux dans une culture matérielle d'un niveau si primitif et parmi des populations qui souffraient d'un aussi complet dénue-ment. Les contemporains virent cependant dans ces calamités des prodiges, des signes parmi les autres, et associés aux autres, du dérèglement général à quoi s'abandonnait l'univers.

En 1045, dans la France du Nord, les princes, et parmi eux le roi de France, n'avaient pas respecté la paix :

Un secret jugement du Seigneur fit s'abattre sur leurs peuples la vengeance divine. Un feu mortel se mit à dévorer force victimes, autant parmi les grands que dans les classes moyennes et inférieures du peuple ; il en réserva quelques-uns, amputés d'une partie de leurs membres, pour l'exemple des généra-tions suivantes. En même temps, la population du monde presque entier endura une disette résultant de la rareté du vin et du blé.

Déjà, en 997, frappés par une épidémie semblable, le mal des ardents, les peuples n'avaient trouvé qu'un seul appui, celui des puissances surnaturelles renfermées dans les reliquaires.

A cette époque sévissait parmi les hommes un fléau terrible, un feu caché qui, lorsqu'il s'attaquait à un membre, le consumait et le détachait du corps ; la plupart, en l'espace d'une nuit, étaient complètement dévorés par cette affreuse combustion. On trouva dans la mémoire de nombreux saints le remède à cette peste terrifiante ; les foules se pressèrent surtout aux églises de trois saints confesseurs Martin de Tours, Ulric de Bayeux, enfin notre vénérable père Maïeul (de Cluny) ; et l'on trouva par leurs bienfaits la guérison souhaitée [5].

En ce temps-là, le mal des ardents s'alluma chez les Limousins. Un nombre incalculable d'hommes et de femmes eurent le corps consumé d'un feu invisible et de tous côtés la plainte remplissait la terre. Alors Geoffroi, abbé de Saint-Martial, qui avait succédé à Guigue, et l'évêque Audouin se concertèrent avec le duc Guillaume et ordonnèrent aux Limousins un jeûne de trois jours. Tous les évêques d'Aquitaine s'assemblèrent à Limoges ; les corps et les reliques des saints y furent solennellement apportés de toutes parts ; le corps de saint Martial, patron de la Gaule, fut tiré de son sépulcre ; tout le monde fut rempli d'une joie immense, et partout le mal arrêta complètement ses ravages ; et le duc et les grands conclurent ensemble un pacte de paix et de justice [6].

FAMINES

Raoul Glaber put observer lui-même en 1033 la famine qui ravagea la Bourgogne ; la description qu'il en donne est justement célèbre :

A l'époque suivante, la famine commença à étendre ses ravages sur toute la terre et l'on put craindre la disparition du genre humain presque entier. Les conditions atmosphériques se firent si défavorables qu'on ne trouvait de temps propice pour aucune semaille, et que, surtout à cause des inondations, il n'y eut pas moyen de faire les récoltes. On eût dit vraiment que les éléments hostiles se livraient bataille ; et il n'est pas douteux qu'ils exerçaient la vengeance sur l'insubordination des hommes. Des pluies continuelles avaient imbibé la terre entière au point que pendant trois ans on ne put creuser de sillons capables de recevoir la semence. Au temps de la moisson, les mauvaises herbes et la triste ivraie avaient recouvert toute la surface des champs. Un muid de semence, là où il rendait le mieux, donnait à la récolte un setier, et le setier lui-même en produisait à peine une poignée. Cette stérilité vengeresse avait pris naissance dans les contrées de l'Orient ; elle dévasta la Grèce, elle arriva en Italie, et de là, communiquée à la Gaule, elle traversa ce pays et atteignit les tribus des Anglais. Comme le manque de vivres frappait la population tout entière, les grands et ceux de la classe moyenne devenaient hâves avec les pauvres ; les pillages des puissants durent s'arrêter devant le

Première page du manuscrit de Raoul Glaber dédié à Odilon de Cluny (Bibliothèque nationale, Paris).

« Je suis l'alpha et l'oméga, le commencement et la fin », Apocalypse I-7. Christ en majesté de Saint-Géréon-de-Cologne, fin Xᵉ (Bibliothèque nationale, Paris).

«Car le jour de colère est arrivé», Apocalypse VI-17. Le déluge dans l'Apocalypse de Saint-Sever, XIᵉ (Bibliothèque nationale, Paris).

« Alors j'entendis la voix d'un aigle qui volait par le milieu du ciel et qui disait : Malheur ! Malheur aux habitants de la terre » Apocalypse VIII-13. La 4e trompette dans l'Apocalypse de Saint-Sever, XIe (Bibliothèque nationale, Paris).

« Que penses-tu, frère, de cette idole ? Jupiter ou Mars n'auraient-ils pas agréé une statue pareille ? » *Miracles de Sainte-Foy*. Statue reliquaire de Sainte-Foy-de-Conques, fin Xe (Archives Photos).

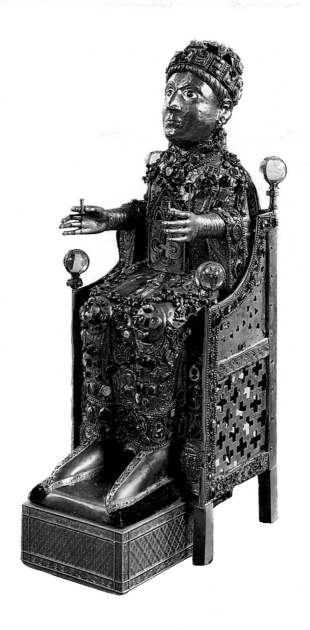

« Ainsi ayant converti la volupté en douleur... par le châtiment d'une bonne brûlure de l'épiderme, il éteignit ce qui brûlait illicitement en son âme », saint Grégoire. Le diable présente une femme à saint Benoît qui se roule dans les orties (Archives Photos).

« En ce temps-là les hommes chercheront la mort et ils ne la trou-
veront pas. Ils souhaiteront la mort et la mort fuira loin d'eux »
Apocalypse IX-6. La 5e trompette dans l'Apocalypse de Saint-
Sever, xie (Bibliothèque nationale, Paris).

L'institution de la Paix de Dieu. Livre des Macchabées dans la
Bible de Saint-Pierre-de-Roda, XIe (Bibliothèque nationale, Paris).

En haut : linteau de Saint-Genis-de-Fontaines, le plus ancien morceau de sculpture daté du Moyen Age en France, début du XIᵉ (Archives Photos).

Ci-contre : les trois premiers tons du plain-chant; chapiteaux de Cluny, vers 1100 (Archives Photos).

Traité de Raban Maur en l'honneur de la Sainte Croix, XIᵉ (Bibliothèque nationale, Paris).

Croix dite de Lothaire, ouvrage d'orfèvrerie ottonienne du dernier tiers du Xᵉ conservée au trésor d'Aix-la-Chapelle (Photo Ann Munchow).

La Pentecôte dans le Pontifical de Robert de Winchester, Xᵉ (Bibliothèque de Rouen. Photo Giraudon).

Le Jugement dernier dans l'Apocalypse de Reichenau, an 1000 (Bibliothèque de Bamberg).

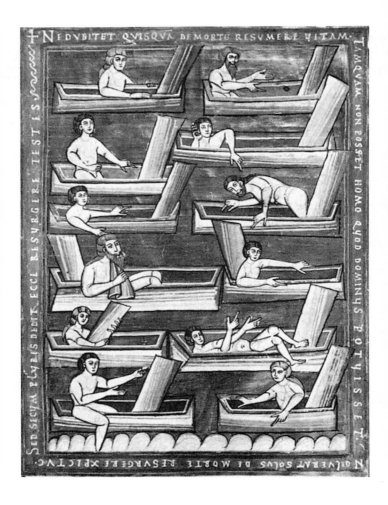

La résurrection des morts dans l'Evangéliaire de Vysherad, école de Bohême vers 1083 (Bibliothèque nationale, Prague).

dénuement universel. Si par hasard l'on trouvait en vente quelque nourriture, il était à l'arbitraire du vendeur de prendre le prix ou d'exiger davantage. En bien des endroits, un muid se vendait soixante sous et un setier quinze sous. Cependant, quand on eut mangé les bêtes sauvages et les oiseaux, les hommes se mirent, sous l'empire d'une faim dévorante, à ramasser pour les manger, toutes sortes de charognes et de choses horribles à dire. Certains eurent recours pour échapper à la mort aux racines des forêts et aux herbes des fleuves ; mais en vain : le seul recours contre la vengeance de Dieu, c'est de rentrer en soi-même. Enfin l'horreur saisit au récit des perversions qui régnèrent alors sur le genre humain. Hélas ! chose rarement entendue au cours des âges, une faim enragée poussa les hommes à dévorer de la chair humaine. Des voyageurs étaient enlevés par de plus robustes qu'eux, leurs membres découpés, cuits au feu et dévorés. Bien des gens qui se rendaient d'un lieu à un autre pour fuir la famine, et avaient trouvé en chemin l'hospitalité, furent pendant la nuit égorgés, et servirent de nourriture à ceux qui les avaient accueillis. Beaucoup, en montrant un fruit ou un œuf à des enfants, les attiraient dans des lieux écartés, les massacraient et les dévoraient. Les corps des morts furent en bien des endroits arrachés à la terre et servirent également à apaiser la faim. Cette rage insensée prit de telles proportions que les bêtes qui restaient seules étaient moins menacées par les ravisseurs que les hommes. Comme si c'était déjà devenu un usage de manger de la chair humaine, il y eut quelqu'un qui en apporta de toute cuite pour la vendre au marché de Tournus,

comme il eût fait de la viande de quelque animal.
Arrêté, il ne nia point son crime honteux ; il fut
ligoté et livré aux flammes. Un autre alla de nuit
déterrer cette chair qu'on avait enfouie dans le sol,
la mangea et fut de même brûlé à son tour.

Il existe une église, distante d'environ trois milles
de la cité de Mâcon, située dans la forêt de Châte-
net, solitaire et sans paroisse, et dédiée à saint Jean ;
près de cette église, un homme sauvage avait installé
sa cabane ; tous ceux qui passaient par là ou qui
se rendaient chez lui, il les égorgeait et les faisait
servir à ses abominables repas. Or il arriva un jour
qu'un homme vint avec sa femme lui demander
l'hospitalité, et prit chez lui quelque repos. Voici
qu'en promenant ses regards dans tous les coins de la
cabane, il aperçoit des têtes coupées d'hommes et de
femmes et d'enfants. Aussitôt il pâlit, cherchant à
sortir ; mais le néfaste occupant de la cabane s'y
oppose et le fait rester de force. Epouvanté par ce
traquenard mortel, notre homme eut pourtant le
dessus, et gagna en toute hâte la cité avec sa femme.
En arrivant, il raconta ce qu'il avait vu au comte
Otton et aux autres citoyens. Ils envoyèrent sans
tarder plusieurs hommes vérifier si c'était vrai ; ils
partirent en hâte, trouvèrent le sanguinaire individu
dans sa cabane avec les têtes de quarante-huit
victimes, dont la chair avait déjà été engloutie dans
sa gueule bestiale. Ils le conduisirent dans la cité, où
il fut attaché à un poteau dans une grange, puis,
comme je l'ai vu de mes yeux, ils le brûlèrent.

On fit alors dans la même région une expérience
qui n'avait encore, à ma connaissance, été tentée

nulle part. Beaucoup de gens tiraient du sol une terre blanche qui ressemble à de l'argile, la mêlaient à ce qu'ils avaient de farine ou de son, et faisaient de ce mélange des pains grâce auxquels ils comptaient ne pas mourir de faim ; ceci procurait l'espoir de survivre, mais aucun réconfort réel. On ne voyait que faces pâles et émaciées ; beaucoup présentaient une peau distendue par des ballonnements ; la voix humaine elle-même devenait grêle, semblable à de petits cris d'oiseaux mourants. Les cadavres des morts, que leur multitude obligeait à abandonner çà et là sans sépulture, servaient de pâture aux loups, qui continuèrent ensuite longtemps à chercher des proies parmi les hommes. Et comme on ne pouvait, disais-je, enterrer chacun individuellement à cause du grand nombre de morts, en certains lieux des hommes craignant Dieu creusèrent ce que l'on appelle communément des charniers, dans lesquels les corps des défunts étaient jetés par cinq cents et plus, tant qu'il restait de la place, mélangés, en désordre, demi-nus, ou même sans aucun voile ; les carrefours, les bordures des champs servaient aussi de cimetières. Certains entendaient dire qu'ils se trouveraient mieux de se transporter en d'autres contrées, mais nombreux étaient ceux qui périssaient en chemin d'inanition.

Le monde, pour la punition des péchés des hommes, fut la proie de ce fléau de pénitence pendant trois ans. On enleva alors, pour les vendre au profit des indigents, les ornements des églises ; on dispersa les trésors qui, comme on le voit dans les décrets des Pères, avaient été autrefois constitués à cet effet. Mais il restait encore trop de crimes à venger ; et le nombre des indigents excéda le plus souvent les possibilités des trésors des églises. Il y avait des affamés trop profondément minés par le manque de nourriture qui, si par hasard ils trouvaient à se repaître, enflaient et mouraient sur-le-champ. D'autres, crispant leurs mains sur les aliments, cherchaient à les porter à leur bouche, mais s'affaissaient, découragés, sans avoir la force d'accomplir ce qu'ils souhaitaient. Que de douleur, que d'afflictions, quels sanglots, quelles plaintes, quelles larmes pour ceux qui virent de telles choses, surtout parmi les gens d'église, évêques et abbés, moines et moniales, et en général parmi tous ceux, hommes et femmes, clercs et laïcs, qui avaient au cœur la crainte de Dieu ! Des mots écrits n'en peuvent donner une idée. On croyait que l'ordonnance des saisons et des éléments, qui avait régné depuis le commencement sur les siècles passés, était retournée pour toujours au chaos, et que c'était la fin du genre humain. Et, chose mieux faite que tout le reste pour inspirer un étonnement épouvanté, sous ce mystérieux fléau de la vengeance divine, il était bien rare de rencontrer des gens qui, devant de telles choses, le cœur contrit, dans une posture humiliée, aient su élever comme il le fallait leurs âmes et leurs mains vers Dieu pour l'appeler à leur secours. Alors notre temps vit se réaliser la parole d'Isaïe disant : « Le peuple ne s'est pas tourné vers celui qui le frappait. » Il y avait en effet chez les hommes comme une dureté de cœur, jointe à une hébétude de l'esprit. Et c'est le juge suprême, c'est l'auteur de toute bonté qui donne le désir de le prier, lui qui sait quand il doit avoir pitié.

III

LE TROUBLE SPIRITUEL :
LA SIMONIE

*Plus sévères enfin, et constituant un symptôme plus
expressif encore du désordre, des troubles vinrent
ébranler la chrétienté, non plus, cette fois, dans son
corps, mais dans son âme. De telles perversions de la
droite vérité apparurent bien, aux yeux des historiens
du temps, les prodiges les plus puissants du millénaire. A commencer par la simonie, peste de
l'Eglise : l'amour des richesses qui s'emparait ouvertement des serviteurs de Dieu (et que Raoul Glaber
dénonçait avec d'autant plus de vigueur qu'il était
moine, et d'obédience clunisienne), n'était-il pas aussi
le signe — et en même temps la cause (mais l'intelligence de ce temps distinguait mal les rapports de
causalité et les relations entre signifié et signifiant) —
de périls tout proches ?*

A la lumière des enseignements de la parole
sacrée, on voit clairement que dans le cours des
jours nouveaux, le refroidissement de la charité au
cœur des hommes et le foisonnement de l'iniquité
vont rendre imminents des temps périlleux pour les
âmes. De nombreux passages des Pères anciens nous

montrent comment, à la faveur d'une cupidité gran-
dissante, les droits et les ordres des religions passées
ont trouvé, dans cela même qui aurait dû les aider à
s'élever vers une dignité supérieure, les causes de
leur chute dans la corruption...

Nous commençons ainsi parce que presque tous
les princes étant depuis longtemps aveuglés par les
vaines richesses, cette peste a sévi en long et en large
parmi tous les prélats des églises disséminées par le
monde. Le don gratuit et vénérable du Christ
seigneur tout-puissant, ils l'ont converti, comme
pour rendre plus sûre leur propre damnation, en un
trafic de cupidité. De tels prélats paraissent d'autant
moins capables d'accomplir l'œuvre divine qu'on sait
bien qu'ils n'ont point accédé à leurs fonctions en
passant par la porte principale. Et l'audace de telles
gens a beau être flétrie par maints textes des saintes
Ecritures, il est certain que de nos jours elle sévit
plus que jamais dans les divers ordres de l'Eglise.
Même les rois, qui devraient être les juges de la
capacité des candidats aux emplois sacrés, corrompus par les présents qui leur sont prodigués, préfè-
rent, pour gouverner les églises et les âmes, celui
dont ils espèrent recevoir les plus riches cadeaux. Et
si tous les turbulents, tous ceux que gonfle une
vanité boursouflée, sont les premiers à se pousser
dans n'importe quelle prélature, et ne craignent pas,
ensuite, de négliger leur office pastoral, c'est que
leur conviction s'attache aux cassettes où ils serrent
leur argent, non à ces dons que porte avec elle la
sagesse ; le pouvoir obtenu, ils s'adonnent d'autant
plus assidûment à la cupidité qu'ils doivent à ce vice
le couronnement de leurs ambitions ; ils le servent

comme une idole ; ils l'établissent à la place de Dieu ; façonnés par lui, ils se sont précipités vers de tels honneurs, sans pouvoir invoquer mérites ni services rendus ; et de moins habiles conçoivent le désir décevant de les imiter, d'où des haines réciproques et tenaces. Car en ces matières, tout ce que l'un réussit de haute lutte à recueillir paraît à l'autre, qui l'envie, dérobé à ses dépens ; et, comme toujours les envieux, le bonheur des autres les abreuve d'incessants tourments. De là naissent les tumultes perpétuels des contestations, de là sortent de continuels scandales, et, à force d'être transgressées, les règles fondamentales des divers ordres périclitent.

De fait, en France, où la décomposition féodale était plus avancée qu'ailleurs, l'affaiblissement progressif de l'autorité royale laissait peu à peu des seigneurs privés disposer du patronage des sanctuaires et choisir les plus hauts dignitaires de l'Eglise. Raoul Glaber en voit clairement les conséquences : l'intervention de l'argent dans la désignation des guides spirituels et des ministres de l'invisible provoque la défaillance de tout le peuple de Dieu ; elle suscite, par conséquent, l'irritation divine, et attire donc sur le bas monde le cortège des calamités vengeresses.

Ainsi, l'impiété étendant ses ravages dans le clergé, on voit les tentations de l'orgueil et de l'incontinence avoir plus de prise sur le peuple. Bientôt les supercheries mensongères, les fraudes, les homicides s'emparent de presque tous et les entraînent à la mort. Et comme les yeux de la foi

catholique, c'est-à-dire les prélats de l'Eglise, sont
obscurcis par un aveuglement coupable, le peuple,
laissé dans l'ignorance des voies de son salut, tombe
dans la ruine et la perdition. Par une juste punition,
les prélats se sont vus maltraités par ceux dont ils
auraient dû recevoir l'obéissance, ils ont éprouvé
l'insoumission de ceux qu'ils avaient par leur exemple détournés des chemins de la justice. Et ne nous
étonnons point si, dans ces angoisses, leurs cris ne
furent pas entendus : eux-mêmes, par les excès de
leur cupidité, s'étaient fermé les portes de la miséricorde. Pourtant il est bien connu qu'en punition de
tels crimes, on doit le plus souvent s'attendre à des
calamités publiques frappant les peuples et tous les
êtres vivants, et même à des épidémies frappant les
fruits de la terre, c'est-à-dire aux intempéries de
l'atmosphère. Ainsi, ceux-là mêmes qui auraient dû
assister le troupeau du Dieu tout-puissant confié à
leurs soins dans sa marche vers le salut faisaient
obstacle aux bienfaits habituels du Seigneur. C'est
qu'en effet, chaque fois que la piété des évêques
vient à manquer et que s'affaiblit la rigueur de la
règle chez les abbés, aussitôt la discipline fléchit
dans les monastères, et, à leur exemple, tout le reste
du peuple devient infidèle à Dieu. N'est-ce pas alors
tout le genre humain à la fois qui retourne de sa
propre volonté à l'antique chaos et à l'abîme de sa
perdition ? Et certes, l'attente de cet événement
avait depuis longtemps inspiré à l'antique Léviathan
la certitude que la crue du fleuve Jourdain arriverait
un jour jusqu'à ses lèvres, quand la multitude des
baptisés, par les séductions de la cupidité, déserte-
rait les chemins de la vérité et se précipiterait dans le

trépas. Et, comme il apparaît pleinement au témoignage autorisé des apôtres, c'est le refroidissement de la charité, c'est le foisonnement de l'iniquité, au cœur des hommes amoureux d'eux-mêmes sans mesure, qui ont provoqué la fréquence insolite des maux que nous avons rapportés, vers la millième année après la naissance du Sauveur notre Seigneur et, ensuite, dans toutes les parties du monde.

IV

LE MALAISE HÉRÉTIQUE

Aussi bien que les pestes et les famines, les premières agitations de l'hérésie nous paraissent naturelles, en ce temps, au sein d'un peuple démuni et infiniment pauvre, mais qui commençait à sortir d'une complète sauvagerie et qui, dans ses élites religieuses, gagnait assez de vigueur intellectuelle pour s'interroger sur ses croyances. Cependant, pour tous les historiens d'alors, ces premières inquiétudes libératrices s'apparentaient aux tumultes du cosmos. Et, parmi les signes annonciateurs de la fin des temps, la venue des faux prophètes n'était-elle pas prédite par l'Écriture?

« DANS LE VILLAGE DE VERTUS »

Vers la fin de l'An Mil vivait en Gaule, dans le village de Vertus, dans le comté de Châlons, un homme du peuple nommé Leutard qui, comme le prouve la fin de l'affaire, peut être tenu pour un envoyé de Satan; son audacieuse folie prit naissance de la façon suivante. Il se trouvait un jour seul dans

un champ, occupé à quelque travail de culture. La
fatigue l'endormit, et il lui sembla qu'un grand
essaim d'abeilles pénétrait dans son corps par sa
secrète issue naturelle ; puis elles lui ressortaient par
la bouche en un énorme bourdonnement, et le
tourmentaient en quantité de piqûres. Après avoir
été longtemps fort tourmenté par leurs aiguillons, il
crut les entendre parler et lui ordonner de faire
beaucoup de choses impossibles aux hommes. Enfin,
épuisé, il se lève, rentre à la maison, chasse sa
femme et prétend divorcer en vertu des préceptes
évangéliques. Puis il sort comme pour aller prier,
entre dans l'église, arrache la croix et brise l'image
du Sauveur. A cette vue, tous furent frappés de
terreur et crurent, avec raison, qu'il était fou ; mais il
réussit à les persuader, car les paysans sont d'esprit
faible, qu'il n'avait agi que sur la foi d'une étonnante
révélation de Dieu. Il se répandait en d'innombrables discours vides d'utilité comme de vérité, et,
tentant d'apparaître comme un docteur, il faisait
oublier la doctrine des maîtres. Payer les dîmes était,
disait-il, idiot. Et alors que les autres hérésies, pour
tromper plus sûrement, se couvrent du manteau des
saintes Ecritures auxquelles elles sont contraires,
celui-ci prétendait que dans les récits des prophètes,
les uns sont utiles, les autres ne méritent aucune
créance. Cependant sa trompeuse renommée
d'homme plein de sens et de religion lui gagna en
peu de temps une considérable portion du peuple.
Ce que voyant, le très savant Jéboin, le vieil évêque
du diocèse dont dépendait notre homme, ordonna
qu'on le lui amenât. Il l'interrogea sur tout ce qu'on
rapportait de son langage et de sa conduite ; l'autre

entreprit de dissimuler sa vénéneuse infamie, essayant d'invoquer à son profit des témoignages des saintes Ecritures, bien qu'il ne les eût jamais apprises. Le très sagace évêque jugea que cette défense ne convenait pas, que le cas était aussi condamnable que honteux ; en montrant comment la folie de cet homme l'avait conduit à l'hérésie, il fit revenir de cette folie le peuple en partie trompé, et le rendit tout entier à la foi catholique. Leutard se voyant vaincu et déchu de ses ambitions démagogiques, se donna lui-même la mort en se noyant dans un puits[7].

S'opposant à la richesse de l'Eglise (en incitant à ne plus payer la dîme), brisant les crucifix, parce que montrer le corps de Dieu mort sur la croix lui paraissait attenter à la transcendance du Tout-Puissant, abandonnant sa femme pour vivre dans la chasteté, ce « fou » — qui, bien que sorti du « peuple », était instruit et appartenait donc à l'ordre ecclésiastique — manifestait des exigences spirituelles curieusement proches de celles qui devaient s'épanouir beaucoup plus tard dans le mouvement cathare. Il n'était sans doute guère éloigné des « manichéens » dont la présence se révèle, ici et là, une vingtaine d'années plus tard.

Peu après 1017 surgirent, à travers l'Aquitaine, des manichéens, qui corrompirent le peuple. Ils niaient le saint baptême, la croix, tout ce qui constitue la sainte doctrine. S'abstenant de certaines nourritures, ils paraissaient semblables à des moines et simulaient la chasteté ; mais entre eux ils se

livraient à toutes les débauches. Ils étaient les
messagers de l'Antéchrist, et firent sortir beaucoup
d'hommes de l'orbite de la foi.

HÉRÉSIE, MÊME À ORLÉANS

*Adémar de Chabannes, qui met fort nettement cette
pestilence en relation avec les préludes désastreux de
la Parousie, parle encore de l'affaire la plus grave, la
plus scandaleuse aussi puisqu'elle éclata dans Orléans.*
(Cette ville, *dit Raoul Glaber,* était anciennement
comme aujourd'hui, la principale résidence des rois
de France, à cause de sa beauté, de sa population
nombreuse, et aussi de la fertilité de son sol et de la
pureté des eaux du fleuve qui la baigne.)

A cette époque, dix des chanoines de Sainte-Croix
d'Orléans, qui semblaient plus pieux que les autres,
furent convaincus d'être manichéens. Le roi Robert,
devant leur refus de revenir à la foi, les fit d'abord
dépouiller de leur dignité sacerdotale, puis expulser
de l'Eglise, enfin livrer aux flammes. Ces malheureux avaient été dévoyés par un paysan périgourdin
qui se disait capable de sortilèges et portait avec lui
une poudre fabriquée avec des cadavres d'enfants,
par laquelle, s'il pouvait approcher quelqu'un, il en
faisait un manichéen. Ils adoraient un diable qui leur
apparaissait tout d'abord sous la forme d'un nègre,
puis sous celle d'un ange de lumière, et qui leur
fournissait chaque jour beaucoup d'argent. Obéissant à ses paroles, ils avaient en secret complètement
renié le Christ, et se livraient dans l'ombre à des

horreurs et à des crimes dont le récit seul serait un péché, cependant qu'en public ils se donnaient trompeusement pour de véritables chrétiens. Pourtant des manichéens furent aussi découverts à Toulouse et exterminés ; ces messagers de l'Antéchrist, surgissant en diverses régions de l'Occident, prenaient soin de se dissimuler dans des cachettes et corrompaient autant d'hommes et de femmes qu'ils pouvaient. Un chanoine de Sainte-Croix d'Orléans, le chantre nommé Théodat, qui était mort trois ans auparavant dans cette hérésie, avait été tenu, au témoignage d'hommes dignes de foi, pour très pieux. Quand son hérésie eut été prouvée, son corps fut jeté hors du cimetière sur l'ordre de l'évêque Ulric, et laissé à la rue. Quant aux dix dont il a été question ci-dessus, ils furent condamnés aux flammes ainsi que Lisoius, pour qui le roi avait eu une réelle affection, à cause de la sainteté dont il le croyait rempli. Sûrs d'eux-mêmes, ils ne craignaient rien du feu ; ils annonçaient qu'ils sortiraient indemnes des flammes, et en riant ils se laissèrent attacher au milieu du bûcher. Bientôt ils furent totalement réduits en cendres et l'on ne retrouva même pas un débris de leurs os[8].

De l'hérésie orléanaise, Raoul Glaber livre une image moins naïve. A la source, il voit lui aussi un charme pervers, mais il ne parle plus de poudre enchantée ; pour lui les chanoines d'Orléans ne sont pas des adorateurs de Satan, mais des inquiets, qui butent contre le mystère de la Création et celui de la Trinité, et à qui la présence du mal en ce monde pose un problème. Des hommes, certes, d'une singulière

grandeur, forts du jeune savoir des écoles épisco-
pales, et devant qui les arguments contradictoires
exposés par Raoul Glaber (voir plus haut, p. 68-74)
paraissent dérisoires.

La vingt-troisième année après l'an mille *(c'est-à-*
dire 1022, en comptant l'An Mil comme la première)
on découvrit à Orléans une hérésie très drue et
insolente, dont les germes longtemps secrets avaient
fait lever une épaisse moisson de perdition, et qui
précipitait un grand nombre d'hommes dans les rets
de son aveuglement. On raconte que c'est par une
femme venue d'Italie que prit naissance en Gaule
cette hérésie insensée ; elle était pleine du diable et
corrompait tous ceux qu'elle pouvait, non seulement
les sots et les gens simples, mais même la plupart de
ceux qui dans l'ordre des clercs passaient pour les
plus savants. Elle vint dans la cité d'Orléans, y resta
un certain temps et infecta beaucoup d'hommes par
le poison de son infamie. Les porteurs de ces germes
détestables faisaient tous leurs efforts pour les
propager autour d'eux. Les deux hérésiarques de
cette doctrine perverse furent, hélas, ceux qui passaient dans la cité pour les deux membres les plus
nobles et les plus savants du clergé ; l'un se nommait
Herbert, l'autre Lisoius. Tant que l'affaire resta
secrète, le roi aussi bien que les grands du palais les
tinrent en très grande amitié ; ce qui leur permit de
corrompre plus facilement tous ceux dont l'esprit
n'était pas assez affermi par l'amour de la foi
universelle. Ils ne bornaient pas leurs exploits à cette
ville, et essayaient de répandre leur doctrine maligne
dans les villes voisines. A Rouen vivait un prêtre

d'esprit sain, à qui ils voulurent faire partager leur folie ; ils lui envoyèrent des émissaires chargés de l'instruire de tous les secrets de leur enseignement pervers ; ils disaient que le moment était proche où le peuple tout entier allait tomber dans leur doctrine. Ainsi mis au courant, ce même prêtre alla diligemment trouver le comte très chrétien de cette cité, Richard [duc de Normandie], et lui exposa tout ce qu'il savait de l'affaire. Le comte, sans perdre un instant, envoya un message au roi pour lui révéler quel mal secret sévissait dans son royaume parmi les brebis du Christ. Dès qu'il le sut, le roi Robert, très savant et très chrétien, devint profondément triste et chagrin, redoutant en vérité la ruine du pays autant que la mort des âmes. Il se hâta vers Orléans, réunit en grand nombre évêques, abbés, religieux et laïques, et se mit à rechercher activement les auteurs de cette doctrine perverse et ceux qui, déjà corrompus, s'étaient ralliés à leur secte. Lors de l'enquête menée parmi les clercs pour savoir comment chacun comprenait et croyait ce que la foi catholique conserve et prêche inébranlablement selon la doctrine des apôtres, ces deux hommes, Lisoius et Herbert, ne nièrent pas un instant qu'ils comprenaient différemment et rendirent public ce qu'ils avaient longtemps caché. Après eux beaucoup confessèrent publiquement qu'ils appartenaient à leur secte, et ils affirmaient que pour rien au monde ils ne pourraient les abandonner.

Ces révélations accrurent encore la tristesse du roi et des évêques, et ils les interrogèrent plus en secret ; il s'agissait en effet d'hommes qui jusqu'alors avaient rendu de grands services par leurs mœurs en tout point irréprochables : l'un, Lisoius, passait au monastère de Sainte-Croix pour le plus charitable des clercs ; l'autre, Herbert, tenait, à l'église Saint-Pierre-le-Puellier, la direction de l'école. On leur demanda par qui ou par quoi ils étaient parvenus à une telle présomption ; ils répondirent à peu près en ces termes : « Nous, il y a longtemps que nous nous sommes donnés à cette secte, que vous venez bien tard de découvrir ; mais nous attendions le jour où vous y tomberiez à votre tour, vous et les autres, de toutes les nations et de tous les ordres ; et maintenant encore nous croyons que ce jour arrivera. »

Ayant dit, ils se mirent sans désemparer à exposer l'hérésie qui les abusait, plus stupide et plus misérable encore que toutes les anciennes. Leurs élucubrations s'appuyaient si peu sur des arguments valables, qu'elles s'avérèrent comme triplement contraires à la vérité. Ils traitaient en effet d'extravagances tout ce qu'au long de l'Ancien Testament et du Nouveau, par des signes indubitables, des prodiges et des témoignages anciens, nous affirme, sur la nature à la fois triple et une de la divinité, l'autorité sacrée. Le ciel et la terre tels qu'ils s'offrent aux regards n'avaient, disaient-ils, jamais été créés et avaient toujours existé. Et ces insensés, aboyant comme des chiens après la pire de toutes les hérésies, étaient semblables aux hérétiques épicuriens : ils ne croyaient pas que la débauche méritât un châtiment vengeur. Toute l'œuvre chrétienne de piété et de justice, qui passe pour valoir la récompense éternelle, ils n'y voyaient qu'efforts superflus. Et pourtant ces insensés, et tous les autres si nombreux qu'ils avaient suscités trouvèrent en face d'eux bien assez de fidèles et estimables témoins de la vérité, parfaitement capables, s'ils avaient bien voulu accepter cette vérité, et avec elle leur propre salut, de réfuter leur aveuglement et leurs assertions fausses.

V

LA SUBVERSION DU TEMPLE

Enfin, dernier signe du dérèglement, dernier aver-
tissement et non le moindre : la destruction du Saint
Sépulcre.

A cette époque, c'est-à-dire la neuvième année
après l'an mil, l'église dans laquelle se trouvait à
Jérusalem le sépulcre du Seigneur notre Sauveur fut
détruite de fond en comble sur l'ordre du prince de
Babylone. A ce que l'on sait, cette destruction eut
pour origine les faits que nous allons raconter.
Comme, du monde entier, pour visiter cet illustre
mémorial du Seigneur, des foules de fidèles se
rendaient à Jérusalem, le diable plein de haine
recommença, par l'intermédiaire de son habituel
allié, le peuple juif, à déverser sur les adeptes de la
vraie foi le venin de son infamie. Il y avait à Orléans,
ville royale de la Gaule, une colonie considérable
d'hommes de cette race, qui se montraient plus
orgueilleux, plus malfaisants et plus insolents que
leurs autres congénères. Dans un détestable dessein,
ils corrompirent à prix d'argent un vagabond qui
portait l'habit de pèlerin, un nommé Robert, serf

fugitif du monastère de Sainte-Marie de Moutiers.
Ils l'envoyèrent, avec mille précautions, au prince de
Babylone, porteur d'une lettre écrite en caractères
hébraïques, qui fut introduite dans son bâton sous
un petit rouleau de fer, afin qu'on ne risquât point
de la lui soustraire. L'homme se mit en route et
apporta au prince cette lettre pleine de mensonges et
d'infamies, où il lui était dit que, s'il ne se hâtait
point de jeter à bas la vénérable maison des chrétiens, il devait s'attendre à voir à bref délai ceux-ci
occuper son royaume et le dépouiller de toutes ses
dignités. A cette lecture le prince, saisi de fureur,
envoya aussitôt à Jérusalem de ses gens pour
détruire ledit temple. Ceux-ci en arrivant firent ce
qui leur était ordonné ; mais quand ils essayèrent de
démolir, à l'aide de pioches de fer, la tombe du
sépulcre, ils ne purent y réussir. Ils détruisirent
également alors l'église Saint-Georges à Ramlah
dont le pouvoir magique effrayait tant jadis le
peuple des Sarrasins : car, à ce qu'on raconte bien
souvent, ceux qui s'y introduisaient pour piller
étaient frappés de cécité. Donc, quand le temple eut
été ainsi détruit, il fut bientôt évident que c'était
l'infamie des Juifs qui avait fomenté cet attentat.
Dès que la chose fut connue, dans le monde entier
tous les chrétiens furent unanimes à décider qu'ils
chasseraient tous les Juifs de leurs terres et de leurs
cités [9].

*A l'œuvre du mal coopère ce qu'il y a de plus
méprisable dans l'humanité : les infidèles (le prince
de Babylone, c'est-à-dire le calife du Caire), les juifs
et enfin la racaille (ce serf qui, de plus, a trahi ses*

*maîtres et pris la fuite). De la relation de Raoul
Glaber, celle d'Adémar de Chabannes diffère peu ;
celui-ci, cependant, établit une corrélation inverse
entre le pogrom et la décision du calife. Il fait état
surtout d'un avertissement dont il fut lui-même favorisé : toutes les calamités dont la cohorte devait
ensuite se mettre en branle se trouvaient en germe
dans un accident prémonitoire, dans un prodige
cosmique, cette croix qui lui apparut en plein ciel, une
nuit.*

En ces temps-là se montrèrent des signes dans les
astres, des sécheresses désastreuses, des pluies
excessives, des épidémies, des famines épouvanta-
bles, de nombreuses éclipses de soleil et de lune ; et
la Vienne, pendant trois nuits, déborda dans
Limoges sur deux milles. Et le moine Adémar,
nommé plus haut, qui alors, avec son oncle l'illustre
Roger, vivait à Limoges au monastère de Saint-
Martial, s'étant réveillé au cours de la nuit et
regardant les astres au-dehors, vit, dans la partie
australe du ciel, comme planté dans le haut, un
grand crucifix, avec l'image du Seigneur pendue à la
croix et répandant un abondant fleuve de larmes.
Celui qui eut cette vision, terrifié, ne put rien faire
d'autre que de laisser couler les pleurs de ses yeux. Il
vit cette croix et l'image du Crucifié, couleur de feu
et de sang, pendant toute la moitié d'une nuit, puis
le ciel se referma. Et ce qu'il avait vu, il le garda
toujours caché au fond de son cœur, jusqu'au jour
où il écrivit ces lignes ; et le Seigneur lui est témoin
qu'il a bien vu cela.

Cette année-là, l'évêque Audouin contraignit les

Juifs de Limoges à se faire baptiser en publiant une loi qui les mettait en demeure, ou bien de devenir chrétiens, ou bien de quitter la ville ; un mois durant, sur son ordre, les docteurs en science divine discutèrent avec les Juifs pour leur démontrer la fausseté de leurs livres ; trois ou quatre Juifs se firent chrétiens. La foule des autres se hâta d'aller chercher refuge dans d'autres cités, avec femmes et enfants. Il y en eut aussi qui s'égorgèrent eux-mêmes avec leur épée plutôt que d'accepter le baptême. La même année, le sépulcre du Seigneur à Jérusalem fut brisé par les Juifs et les Sarrasins, le troisième jour des calendes d'octobre, l'an 1010 de l'incarnation de ce même Seigneur. Les Juifs d'Occident et les Sarrasins d'Espagne avaient en effet envoyé en Orient une lettre pleine d'accusations contre les chrétiens et annonçant que des armées d'Occident s'étaient mises en marche contre les Sarrasins de l'Orient. Alors le Nabuchodonosor de Babylone, qu'ils appellent l'Amirat, incité à la colère par les conseils des païens, répandit parmi les chrétiens une grande désolation en prenant une loi qui condamnait tous les chrétiens de ses Etats qui refuseraient de se faire sarrasins à la confiscation de leurs biens ou à la mort. Il s'ensuivit que d'innombrables chrétiens se convertirent à la loi sarrasine ; mais pas un ne fut digne de mourir pour le Christ, sauf le patriarche de Jérusalem, qui fut exécuté dans toutes sortes de supplices, et deux jeunes frères qui furent décapités en Egypte, et se signalèrent par de nombreux miracles. L'église Saint-Georges, que jusqu'alors nul Sarrasin n'avait pu profaner, fut détruite ainsi que bien d'autres églises des saints, et, en punition de nos péchés, la basilique du sépulcre du Seigneur fut rasée jusqu'au sol. Ne pouvant réussir à briser la pierre du monument, ils y allumèrent un grand feu, mais elle resta immuable et dure comme un diamant [10].

5

Interprétation

LE DÉCHAÎNEMENT DU MAL

De ces signes, de ces prodiges, quelle est la signification ? Comme jadis aux prêtres de l'ancienne Rome, comme aux sorciers de l'ancienne Germanie, il appartient en l'An Mil aux hommes d'Eglise de les interpréter, d'en deviner le sens et de le révéler au peuple. Tout l'enseignement qu'ils ont reçu et la pente naturelle qui oriente toutes les démarches de leur intelligence les préparent à une telle exégèse. De même que, dans la glose, devant chaque mot, le commentateur progresse du sens littéral au sens moral, pour parvenir enfin au sens le plus intime et le plus caché, qui ouvre les voies de l'illumination mystique, de même Raoul Glaber ou Adémar de Chabannes commencent par réunir et confronter certains faits, une vision, la famine, des pluies excessives, la découverte d'une secte hérétique ; puis, citant les Prophètes, les Apôtres, les Pères, ils s'avancent vers les causes morales, évoquent le refroidissement de la foi qu'ont suscité dans le peuple les défaillances de son clergé et le dérèglement de ses moines. Mais il leur faut aller plus loin encore et, franchissant le voile des apparences, parvenir jus-

qu'au ressort premier. Comment expliquer le malaise
dont, à ce moment de l'histoire, souffre l'univers ?

LE DÉMON

Ces hommes ont horreur des « manichéens ». Eux-
mêmes pourtant sont persuadés que, dans le royaume
de l'invisible, deux armées s'affrontent, celle du Bien,
celle du Mal. « Les mille ans étant accomplis », selon
la parole de l'Ecriture, ils ne peuvent douter que les
puissances sataniques ne soient proprement déchaî-
nées. Ainsi sont-ils tentés de considérer la perturba-
tion de toutes choses, dont les manifestations revêtent
alors tant de formes diverses, comme une victoire du
démon, que l'Ange a délivré de ses entraves, comme
l'effondrement de tous les châteaux où se retran-
chaient les forces bénéfiques. Le millénaire, c'est
d'abord cette déroute de l'armée divine, et le retour au
chaos qui s'ensuit. Voici pourquoi l'un des princi-
paux personnages du récit de Raoul Glaber est le
diable. Au début du livre V des Histoires, *il occupe*
seul le devant de la scène :

Aux vicissitudes de toutes sortes, aux catastrophes
variées qui assourdissaient, assommaient, abrutis-
saient presque tous les mortels de ce temps, s'ajoutaient les attaques des esprits mauvais ; pourtant on
racontait bien souvent que ceux-ci avaient, par leurs
fantasmes, fait clairement comprendre des vérités
utiles.

Le démon, lorsqu'il intervient, cherche à séduire ; il est l'esprit qui trompe, qui travaille insidieusement à détourner les bons de la voie droite ; il est l'agent du découragement et de la perversion doctrinale :

Un moine crut voir une nuit, à l'heure où l'on fait sonner la cloche pour matines, se dresser devant lui un être affreux qui l'accablait de conseils et lui tenait à peu près ce langage :

« Pourquoi vous, les moines, vous infligez-vous tant de travaux, tant de veilles et de jeûnes, de tristesses, de psalmodies, et tant d'autres mortifications qui ne sont pas dans l'usage commun des autres hommes ? Les innombrables personnes qui vivent dans le siècle et persévèrent jusqu'à la fin de leur vie dans des vices de toutes sortes ne trouveront-elles pas un repos semblable à celui que vous espérez ? Un jour, une heure même, suffirait pour mériter l'éternelle béatitude, récompense de votre droiture. En ce qui te concerne, je me demande bien pourquoi, avec tant de scrupule, dès que tu entends la cloche, tu es si prompt à bondir de ton lit et à t'arracher aux douceurs du sommeil, quand tu pourrais sacrifier au repos jusqu'au troisième son de la cloche. Il faut que je te dévoile un secret vraiment mémorable, qui, s'il est à notre détriment, est pour vous la porte du salut. Il est assuré que tous les ans, le jour où le Christ en ressuscitant des morts a rendu la vie au genre humain, il vide complètement les enfers et emmène les siens au ciel. Ainsi, vous n'avez rien à craindre. Vous pouvez vous abandonner sans danger à toutes les voluptés de la chair, à tous les désirs qu'il vous plaira. » Voici les paroles frivoles, qu'avec bien d'autres encore ce démon plein d'imposture débitait au moine ; et il fit tant que celui-ci ne rejoignit point ses frères à l'office de matines. Ses inventions fallacieuses à propos de la résurrection du Seigneur sont évidemment démenties par les paroles du saint Evangile, qui disent : « Beaucoup de corps des saints qui dormaient se réveillèrent. » Il n'y a pas « tous », mais « beaucoup » ; et telle est en réalité la doctrine de la foi catholique.

Raoul Glaber juge bon ici de répondre à ceux que frappe l'ambiguïté des manifestations surnaturelles et qui s'étonnent que, parfois, du mal puisse sortir le bien :

Si quelquefois il entre dans les desseins du Tout-puissant de faire exprimer aux démons pétris de mensonge autre chose que des faussetés, il n'en est pas moins certain que tout ce qu'ils disent par eux-mêmes est dangereux et trompeur ; et, même s'il se trouve qu'ils réussirent à réaliser une partie de leurs prédictions, celles-ci ne sont pas profitables au salut des hommes, à moins que la divine providence n'en fasse habilement une occasion de redressement.

RENCONTRES DE RAOUL GLABER
AVEC SATAN

Le voici maintenant qui révèle son expérience personnelle, laquelle est fort riche : le diable lui est apparu à trois reprises, toujours dans la pénombre de l'aurore, dans les vapeurs du premier réveil, et sous l'aspect du monstre échevelé qu'ont figuré sur les chapiteaux les sculpteurs du XIᵉ siècle.

Donc à moi-même, il n'y a pas longtemps, Dieu a voulu que pareille chose arrivât plusieurs fois. A l'époque où je vivais au monastère du bienheureux martyr Léger, qu'on appelle Champeaux, une nuit, avant l'office de matines, se dresse devant moi au pied de mon lit une espèce de nain horrible à voir. Il était, autant que j'en pus juger, de stature médiocre, avec un cou grêle, un visage émacié, des yeux très noirs, le front rugueux et crispé, les narines pincées, la bouche proéminente, les lèvres gonflées, le menton fuyant et très droit, une barbe de bouc, les oreilles velues et effilées, les cheveux hérissés, des dents de chien, le crâne en pointe, la poitrine enflée, le dos bossu, les fesses frémissantes, des vêtements sordides, échauffé par son effort, tout le corps penché en avant. Il saisit l'extrémité de la couche où je reposais, imprima à tout le lit des secousses terribles, et dit enfin :

« Toi, tu ne resteras pas plus longtemps dans ce lieu. »

Et moi, épouvanté, je me réveille comme en sursaut et je le vois tel que je viens de le décrire. Lui cependant, en grinçant des dents, répétait sans cesse :

« Tu ne resteras pas plus longtemps ici. »

Je sautai promptement du lit, courus à l'oratoire et me prosternai devant l'autel du très saint père Benoît, au comble de la terreur ; j'y demeurai longtemps à me rappeler fébrilement toutes les

fautes et péchés graves que depuis mon jeune âge
j'avais commis par indocilité ou par négligence ;
pour comble, les pénitences acceptées par amour ou
par crainte de la divinité se réduisaient presque à
rien. Et, ainsi écrasé par ma misère et ma confusion,
je n'avais rien de mieux à dire que ces simples mots :

« Seigneur Jésus, qui êtes venu pour sauver les
pécheurs, dans votre grande miséricorde, ayez pitié
de moi. »

D'ailleurs, je ne rougis point de l'avouer, non
seulement mes parents m'ont engendré dans le
péché, mais encore je me suis toujours montré
difficile par mes mœurs et insupportable par mes
actes plus que je ne saurais dire. Un moine qui était
mon oncle m'arracha de force aux vanités perverses
de la vie séculière, auxquelles je me livrais plus que
tout autre quand j'avais à peine douze ans ; je revêtis
l'habit de moine, mais, hélas ! je ne changeai que de
vêtement, non d'esprit. Malgré tous les charitables
conseils de modération et de sainteté que me donnaient mes supérieurs ou mes frères spirituels, moi,
gonflé d'un orgueil farouche qui faisait à mon cœur
un épais bouclier, esclave de ma superbe, je m'oppo-
sais à ma propre guérison. Désobéissant à mes frères
plus anciens, importun à ceux de mon âge, à charge
aux plus jeunes, je peux vraiment dire que ma
présence était un poids pour tous, et mon absence un
soulagement. Enfin ma conduite décida les frères du
monastère de Saint-Léger à me chasser de leur
communauté ; ils savaient du reste que je ne man-
querais pas de trouver asile dans un autre couvent,
uniquement d'ailleurs à cause de mes connaissances
littéraires. Cela s'était déjà vu bien des fois.

Donc, après cela, comme je me trouvais au monastère du saint martyr Bénigne, à Dijon, un diable tout pareil, sans doute le même, m'apparut dans le dortoir des frères. L'aurore commençait à poindre quand il sortit en courant du bâtiment des latrines, criant : « Où est mon assistant ? Où est mon assistant ? »

Le lendemain, vers la même heure, un jeune frère d'esprit très léger, nommé Thierri, s'enfuit du couvent, quitta l'habit et mena pendant quelque temps la vie du siècle. Depuis, la contrition s'empara de son cœur et il est rentré dans les règles du saint ordre.

La troisième fois, ce fut lorsque je résidais au couvent de la bienheureuse Marie toujours vierge, dit Moutiers-Saint-Jean ; une nuit, comme on sonnait les matines, fatigué par je ne sais quel travail, je ne m'étais pas levé comme je l'aurais dû dès le son de la cloche ; quelques-uns étaient restés comme moi, prisonniers de cette mauvaise habitude, cependant que les autres couraient à l'église. Les derniers venaient de sortir quand le même démon monta en soufflant l'escalier ; et, les mains derrière le dos, appuyé au mur, il répétait à deux et trois reprises :

« C'est moi, c'est moi qui me tiens avec ceux qui restent. »

A cette voix, levant la tête, je reconnus celui que j'avais déjà vu deux fois. Or, trois jours plus tard, un de ces frères qui, comme nous l'avons dit, avaient pris coutume de rester au lit en cachette, poussé par ce démon, eut l'audace de sortir du couvent et resta six jours dehors à mener avec les gens du siècle une vie désordonnée : le septième jour cependant, il rentra repentant. Il est certain, comme l'atteste saint Grégoire, que si ces apparitions sont nuisibles aux uns, elles aident les autres à s'amender ; afin que ce soit cela qui m'arrive pour mon salut, je souhaite que l'on prie avec succès, par le Seigneur Jésus notre Rédempteur.

LES FORCES BÉNÉFIQUES

Lorsque l'on voit le diable, point de doute. Mais à vrai dire, en bien des cas, on discerne malaisément de quel côté, faste ou néfaste, surgissent les apparitions.

AMBIGUÏTÉS

Il faut en tout cas confier soigneusement à la mémoire que, lorsque des prodiges évidents sont montrés à des hommes qui habitent encore leur corps, soit par l'intermédiaire d'esprits bons, soit par l'intermédiaire d'esprits malins, ces hommes n'en ont point pour longtemps à vivre de la vie de la chair après avoir vu de pareilles choses. Il y a quantité d'exemples de ce que j'avance, parmi lesquels j'en ai choisi quelques-uns que je vais confier à la mémoire ; ainsi, chaque fois qu'il s'en produira, ils serviront à inspirer la prudence plutôt qu'à induire en tromperie. Dans le bourg fortifié de Tonnerre vivait pieusement un prêtre nommé Frottier à l'époque où Brunon occupait le siège épiscopal de Langres. Un dimanche, comme le soir tombait, avant le dîner, il se mit, pour se détendre un peu, à la fenêtre de sa maison ; et, en regardant au-dehors, il vit venir du Septentrion une innombrable multitude de cavaliers qui semblaient aller au combat et se dirigeaient vers l'Occident. Il les regarda de tous ses yeux pendant un bon moment, puis voulut appeler quelqu'un de sa maison pour être témoin avec lui d'une telle apparition. Mais à peine avait-il appelé que la vision se dissipa et disparut bien vite. Lui, l'esprit frappé de terreur, à peine pouvait-il retenir ses larmes. Bientôt il tomba malade et mourut l'année suivante, aussi bien qu'il avait vécu. Du présage qu'avait vu le défunt, les survivants devaient voir l'accomplissement. L'année suivante, Henri, le fils du roi Robert, et qui plus tard lui succéda, attaqua furieusement le bourg avec une immense armée, et il se fit en ce lieu grand massacre d'hommes de part et d'autre. Il est clair, dans cet exemple, que, ce que cet homme a vu, il en a été témoin à la fois pour lui et pour les autres.

Les démons sont noirs, comme ceux qui les servent. Les combattants de l'armée du bien se reconnaissent aux vêtements blancs qu'ils portent.

Différent, mais non moins merveilleux, est le fait que nous nous rappelons être arrivés à Auxerre, dans l'église de Saint-Germain. Là vivait un frère nommé Gérard, qui avait coutume de rester dans l'oratoire après l'office de matines. Un matin, il s'endormit au milieu de ses prières. Plongé aussitôt dans un profond sommeil, comme inanimé, il fut transporté hors du sanctuaire ; comment, par qui, on l'ignore encore. En se réveillant, il se trouva déposé dans le cloître, à l'extérieur de l'église ; un inexprimable étonnement le saisit en voyant ce qui lui était arrivé. Une aventure semblable arriva à un prêtre qui passait la nuit dans la même église ; il s'était endormi dans les cryptes inférieures, où reposent de nombreux corps de saints ; et, vers le chant du coq, il s'aperçut qu'il avait été transporté derrière le chœur des moines. Or, dans ce couvent, une règle bien connue veut que, si pendant la nuit les lampes viennent à s'éteindre, les gardiens de l'église ne doivent prendre nul repos qu'elles ne soient rallumées. Un frère de ce couvent avait l'habitude, ce qui est excellent, d'aller à l'autel de la bienheureuse Marie pour y prier et s'y répandre en gémissements et en larmes de componction. Mais il avait le défaut, commun à presque tout le monde, de cracher fréquemment pendant ses prières et de laisser échapper sa salive. Il arriva qu'une fois, accablé de sommeil, il s'endormit. Alors lui apparut, debout près de l'autel, un personnage enveloppé de vêtements blancs, tenant en ses mains une étoffe très blanche, qui lui adressait ces mots :

« Pourquoi me couvres-tu de ces crachats que tu lances ? Pourtant, comme tu le vois, c'est moi qui me charge de tes prières, et je les porte au regard du Juge très miséricordieux. »

Bouleversé par cette vision, le frère non seulement se surveilla, mais encore eut soin de recommander aux autres de se surveiller de leur mieux dans les lieux sacrés. Bien que ce soit un besoin naturel, on ne s'abstient pas moins de toute façon dans la plupart des pays d'expectorer des crachats

dans une église, à moins qu'il n'y ait pour les
recevoir des récipients que l'on vide ensuite au-
dehors ; les plus attentifs sur ce point sont les Grecs,
chez qui les règles ecclésiastiques ont toujours été
très scrupuleusement observées.

Depuis longtemps, cela est bien connu, grâce aux
mérites de saint Germain et des autres saints dont il
abrite le repos, ce monastère s'est distingué par des
signes et des prodiges ; on y a vu des guérisons, on y
a vu aussi des châtiments vengeurs frapper ceux qui
pillaient ses biens. Chaque fois que des seigneurs du
pays ont osé envahir ou saccager les biens de ce
monastère, Dieu a toujours plongé leur race et leur
fortune dans le déshonneur et les a presque anéantis.
Une évidente preuve, entre autres, de ce que nous
avançons, se voit dans le châtiment qui frappa la
race d'un certain Bovon, et de son fils Auvalon, et
dans les désastres qui plurent sur le château très
sacrilège de Seignelav.

RAOUL GLABER ET SAINT GERMAIN

Et voici qui me concerne personnellement : je fus
un jour prié par mes collègues et frères de ce lieu de
restaurer les inscriptions des autels, rédigées autrefois par des hommes instruits, mais qui, usées par les
ans comme presque toutes choses, n'étaient plus
visibles ; ce travail convenait à ma compétence, et je
m'appliquai bien volontiers à l'exécuter de mon
mieux. Mais avant d'avoir pu mener à son terme
l'œuvre entreprise, je fus frappé d'un mal dû, je
pense, à l'abus de la position debout : une nuit,

couché sur ma paillasse, je sentis tous mes membres tellement contractés par une affection nerveuse que je ne pouvais ni me redresser ni me retourner d'un autre côté. Dans la nuit qui vint trois jours plus tard, comme j'étais en proie à des angoisses intolérables, m'apparut un homme aux vénérables cheveux blancs, qui me prit tout endormi dans ses bras et me dit :

« Termine au plus vite ce que tu as commencé, et ne crains pas d'avoir encore mal. »

Je me réveille aussitôt, émerveillé, sors de mon lit moi-même et cours à l'autel des victorieux martyrs Victor, Apollinaire et Georges, dont la chapelle était contiguë au bâtiment de l'infirmerie ; et là, rendant humblement grâces au Dieu de l'univers, j'assistai dans la joie à l'office de matines. Le jour venu, en pleine possession de toutes mes facultés physiques, je composai l'inscription portant les noms mêmes de ces saints martyrs. Dans la grande église, il y avait vingt-deux autels ; comme il convenait, j'en restaurai les inscriptions, rédigées en vers hexamè-tres, ainsi que les épitaphes des saints ; puis je pris soin d'orner de la même façon les tombeaux de quelques religieux personnages. Les gens de bon sens trouvèrent cela tout à fait à leur goût. Mais il arriva ce que l'abbé Odilon avait coutume de déplorer bien souvent : « Hélas ! disait-il, si la lèpre de l'envie règne sur tous les hommes, c'est néan-moins dans le cœur de certains de ceux qui ont fait profession de vivre en moines qu'elle a élu domi-cile. » Un moine qui s'était rendu odieux aux frères de son monastère les quitta et vint parmi les nôtres ; ceux-ci, comme ce fut toujours leur coutume, le reçurent avec charité. Lui cependant emplit du venin de son envie l'abbé et plusieurs moines, et leur inspira à mon endroit une aversion telle qu'ils effacèrent toutes les inscriptions que j'avais gravées sur les autels. Mais le Dieu vengeur ne fut pas long à envoyer son châtiment à cet instigateur d'une discorde entre frères. Celui-ci fut frappé sur-le-champ d'une cécité vengeresse, et voué sans recours à trébucher dans l'obscurité jusqu'à la fin de sa vie. Ce dénouement dont la nouvelle se répandit dans le voisinage aussi bien qu'au loin, suscita une grande admiration[1].

SE TENIR PRÊT

Dans toutes les merveilles, dans tous les présages — et même lorsque le démon se montre lui-même — il convient donc d'apercevoir la main de Dieu. Car le dualisme instinctif des savants de l'An Mil ne va pas jusqu'à lui refuser la toute-puissance. Le mal existe, il agit librement ; il a le pouvoir de séduire les hommes et d'infecter leur esprit. Dieu cependant est bien le maître de tout. Aussi, quand, à l'approche des deux millénaires, celui de la naissance et celui de la passion du Christ, on voit se multiplier les prodiges, il est permis certes de les tenir pour l'effet du déchaînement de Satan, de la corruption des hommes et pour l'annonce des avancées fulgurantes de l'Antéchrist. Toutefois dans ces signes s'exprime, en dernière analyse, une volonté supérieure, celle du Seigneur : les comètes, la famine, l'hérésie émanent incontestablement du divin. Ces phénomènes n'en demeurent pas moins ambigus. Lorsqu'il lance les fléaux sur l'humanité, Dieu manifeste-t-il sa colère, poursuit-il, comme le font quotidiennement les rois de la terre, les ducs et les moindres seigneurs, une vengeance brutale sur ceux qui l'outragent ? Le mal est-il un châtiment ? N'est-il pas, aussi bien, avertissement généreux du Maître, lequel dans sa miséricorde cherche à prévenir ses créatures avant que ne s'abattent sur elles les plus terribles de ses coups ?

Vindicte ? Admonestation ? Quoi qu'il en soit, le dérèglement de l'univers exhorte à faire pénitence. Car les penseurs du XIe siècle — et même si, comme Abbon de Fleury, ils se refusent à suivre les tenants du millénarisme et à situer dans un point précis de l'avenir le jour de la colère divine — interprètent tous l'histoire de leur temps en se fondant sur le discours eschatologique de Jésus, tel qu'il est relaté dans les trois évangiles synoptiques : « ... Il y aura de grands tremblements de terre et des famines ; il y aura aussi des phénomènes effrayants et dans le ciel de grands signes (Luc, 21)... Il surgira de faux Christs et de faux prophètes qui opéreront des signes et des prodiges... (Mat. 24). » Les éclipses, les baleines monstrueuses, les manichéens d'Orléans, les apparitions des saints, celles du diable, celles des morts, annoncent *de façon* permanente *que le monde est transitoire, condamné et que sa fin doit survenir. D'où qu'elles viennent, ces perturbations sont là pour arracher l'homme à la tranquillité, le tenir en éveil et l'inciter à se purifier : « Veillez donc, car vous ne savez pas quel jour va venir votre maître... ; ainsi donc tenez-vous prêts, vous aussi, car c'est à l'heure que vous ne pensez pas que le Fils de l'homme viendra (Mat. 24). »* On a tort *de croire aux terreurs de l'An Mil. Mais on doit admettre, en revanche, que les meilleurs chrétiens de ce temps ont vécu dans une anxiété latente et que, méditant l'Evangile, ils faisaient de cette inquiétude une vertu.*

6

La purification

I

EXCLUSIONS

LE SACRIFICE

Tel est le sens de toutes les œuvres historiques de cette époque. Elles sont morales; elles proposent des exemples. Glaber, Helgaud, Adémar de Chabannes, tous les autres, ont composé leur récit comme un sermon de pénitence. Tout l'univers retentissait alors d'un appel au sacrifice; il importait que le genre humain se dépouillât. Trois raisons profondes inclinaient tout particulièrement ces hommes à tirer une telle leçon du cours récent de l'histoire. Ils étaient moines d'abord; ils avaient, un moment au moins dans leur vie, fui le monde; ils s'étaient imposé des privations; pour eux l'ascèse représentait sans conteste la voie triomphale; ils se sentaient tenus d'entraîner avec eux tout le peuple de Dieu dans la marche vers la perfection. D'autre part, au seuil du XIe siècle, les habitudes sociales, et notamment les pratiques judiciaires, faisaient du don, de l' « amende », l'acte par excellence de la réconciliation; un homme s'était-il par un crime exclu de la communauté? En se dépouillant, en s'imposant de *lui-même un sacrifice, il rachetait le prix du sang versé, il gagnait le pardon de sa victime ; il revenait dans la paix et dans l'amitié du prince dont l'autorité garantissait dans tout le pays la justice. Enfin, dans une religion entièrement dominée par les gestes rituels, le sacrifice, la destruction volontaire et gratuite des richesses en offrande aux puissances invisibles, s'établissaient en position centrale parmi les médiations entre l'homme et le sacré. De fait, il apparaît très clairement que dans l'attente de la Parousie et devant l'accumulation des prodiges, les actes purificateurs se multiplièrent après l'An Mil.*

Au cours du même mois de novembre, le 10 des calendes de décembre *(1044)*, à la troisième heure du jour, se produisit la troisième éclipse de soleil de notre temps ; c'était naturellement le ving-huitième jour de la lune. Car il ne se produit jamais d'éclipse de soleil en dehors du vingt-huitième jour de la lune, ni d'éclipse de lune, en dehors du quatorzième. On dit éclipse, c'est-à-dire manque ou défaut, non pas que l'astre lui-même fasse effectivement défaut, mais plutôt parce qu'il nous fait défaut à nous par suite de quelque obstacle. En ces jours, nous avons appris, par Gui, archevêque de Reims, que les siens avaient vu l'étoile Bosphore, appelée aussi Lucifer, s'agiter un soir de haut en bas comme pour menacer les habitants de la terre. A la vue de pareils prodiges envoyés par le ciel, bien des gens, épouvantés de leurs propres vices, firent pénitence et entrèrent dans la voie du redressement[1].

ANTISÉMITISME

Il convenait d'abord que l'ivraie fût séparée du bon grain, et que le peuple de Dieu fût purgé des corps étrangers et funestes dont la présence répandait l'infection parmi les fidèles. La montée des périls provoqua donc des mesures d'exclusion. Les plus amples touchèrent sans doute les juifs, tenus, on l'a vu plus haut, pour les alliés naturels de Satan. Rares jusqu'alors, les preuves d'antisémitisme deviennent éclatantes, au moment même où progresse la dévotion au Crucifix et à la fête de Pâques. Par les pogroms, la chrétienté croit se délivrer d'un ferment de corruption : ne voit-elle pas aussitôt après les rythmes de l'univers revenir à leur ordonnance ?

En ces jours, un Vendredi Saint, après l'adoration de la Croix, Rome fut bouleversée par un tremblement de terre et un terrible cyclone. Et tout aussitôt un des Juifs fit savoir au seigneur pape qu'à la même heure les juifs étaient en train, dans la synagogue, de bafouer l'image du Crucifié. Benoît enquêta activement sur le fait, en eut confirmation et condamna les auteurs de ce forfait à la peine capitale. Dès qu'ils eurent été décapités, la fureur des vents s'apaisa.

EXCOMMUNICATION

En ce temps même, se répand dans le cérémonial de l'église, l'usage de l'excommunication et de l'interdit, dont l'effet est de retrancher du corps de la chrétienté les membres atteints par le mal, afin que la pourriture dont ils sont porteurs ne risque pas de se propager.

[L'évêque de Limoges], Audouin, fut amené, à cause des pillages des chevaliers et de la dévastation des pauvres, à instituer une nouvelle pratique qui consistait à suspendre dans les églises et les monastères l'exercice du culte divin et la célébration du saint sacrifice et à priver le peuple des louanges divines, comme s'il eût été païen : il appelait cette pratique « excommunication[2] ».

BÛCHERS

L'époque enfin rougeoie de l'éclat des bûchers. Au feu purificateur, il appartient de détruire tous les germes maléfiques. Bûchers d'hérétiques et de sorciers. Ils s'allument en 1022 à Orléans pour les « manichéens » qui ne voulaient pas se purger euxmêmes de leur infection :

Quand beaucoup eurent employé toutes les ressources de leur intelligence à leur faire quitter leurs perfides idées et retrouver la foi véritable et universelle, et qu'ils s'y furent refusés de toutes manières, on leur dit que, s'ils ne revenaient pas au plus vite à une saine idée de la foi, ils seraient sans plus tarder, sur l'ordre du roi et par le consentement de tout le peuple, brûlés par le feu. Mais eux, tout imprégnés de leur mauvaise folie, se vantaient de n'avoir peur de rien, annonçaient qu'ils sortiraient du feu indemnes et se riaient avec mépris de ceux qui leur donnaient de meilleurs conseils. Le roi, voyant avec tous ceux qui étaient là qu'on ne pourrait les faire revenir de leur folie, fit allumer non loin de la cité un très grand feu, espérant que, terrifiés, ils renonce-raient à leur malignité ; pendant qu'on les y menait, agités d'une démence furieuse, ils proclamaient sur tous les tons qu'ils acceptaient le supplice et ils se précipitaient dans le feu en se tirant les uns les autres. Enfin, livrés au nombre de treize au feu, comme ils commençaient déjà à brûler, ils se mirent de toute la force de leur voix à crier du milieu du feu qu'ils avaient été horriblement abusés par un art diabolique, que leurs récentes idées sur le Dieu et Seigneur de toutes choses étaient mauvaises, et qu'en vengeance du blasphème dont ils s'étaient rendus coupables ils étaient tourmentés en ce monde avant de l'être dans l'éternité. En les entendant, beaucoup des assistants, poussés par la pitié et l'humanité, s'approchèrent pour arracher du moins au feu ceux qui n'étaient qu'à demi brûlés ; mais ils n'y réussirent point : la flamme justicière achevait de consumer ces malheureux, et les réduisit inconti-nent en cendres. Depuis lors, partout où l'on a découvert des adeptes de ces croyances perverses, on les a livrés au même châtiment vengeur. Et le culte de la vénérable foi catholique, une fois extirpée la folie de ces détestables insensés, a revêtu par toute la terre un éclat plus vif[3].

A Angoulême, la mort du comte Guillaume Taille-fer, annoncée par un incendie, mène au bûcher des « sorcières », de pauvres femmes, accusées d'avoir provoqué le décès par leurs maléfices.

Cependant, la même année, le comte fut pris par une langueur du corps et finit par en mourir. Cette année-là, chose douloureuse à dire, un incendie allumé par des chrétiens impies détruisit la ville de Saintes et avec elle la basilique Saint-Pierre, siège de l'évêque ; et ce lieu resta longtemps privé du culte divin. Au moment où le comte songeait à venger cet outrage fait à Dieu, il se mit peu à peu à perdre ses forces ; il se fit installer une maison à Angoulême dans le voisinage de l'église Saint-André, pour pouvoir assister aux offices divins, et là il commença à rester couché en proie à la maladie. Il y recevait continuellement les visites de tous les seigneurs et nobles personnages venus de toutes parts. Certains disaient que sa maladie était due à de néfastes sortilèges : il avait toujours joui d'un corps sain et robuste et son corps n'était pas atteint à la manière de celui des vieillards, ni à la manière de celui des jeunes hommes. On découvrit qu'une femme maléfi-que avait usé contre lui de son art maléfique. Comme elle refusait d'avouer son crime, on recourut au jugement de Dieu, afin que la vérité cachée fût mise au jour par la victoire d'un des deux cham-pions. Ceux-ci, donc, après avoir prêté serment, se

battirent longuement avec acharnement ; le représentant du comte était Etienne, et Guillaume le
défenseur de la sorcière. Etienne remporta la victoire sans dommage ; l'autre, la tête cassée, couvert
de sang, resta sur ses pieds de la troisième jusqu'à la
neuvième heure ; vaincu, il fut emporté à demi mort,
et resta longtemps sans pouvoir se lever. Etienne,
lui, était demeuré debout ; quittant le combat sain et
sauf, dans l'heure il courut à pied pour rendre grâces
à Dieu jusqu'au tombeau de saint Cybard, où il avait
passé la nuit précédente en veille et en prières ; puis
il revint à cheval dans la cité pour réparer ses forces.
Cependant la sorcière, à l'insu du comte, avait été
livrée à maints tourments, bientôt crucifiée ; et
même alors, elle n'avoua point ; le cœur scellé par le
diable, elle ne laissait passer par sa bouche ni une
parole ni un son. Pourtant trois femmes qui avaient
participé à ses maléfices la confondirent par leur
témoignage ; et ces mêmes femmes déterrèrent aux
yeux de tous des statuettes magiques en argile, déjà
pourries par le temps. Le comte pardonna néan-
moins à cette femme maléfique, ne permit point
qu'on la torturât davantage et lui accorda la vie.
Jérôme raconte de même qu'Antiochus Epiphane
fut frappé de folie par l'effet de sortilèges maléfiques, et qu'en proie à des imaginations trompeuses,
il mourut de maladie. Et il n'y a rien d'étonnant à ce
que Dieu permette qu'un chrétien soit frappé de
maladie dans son corps par les prestiges des maléfices, quand nous savons que le bienheureux Job a
été affligé par le diable d'un cruel ulcère, et que Paul
a été so‍ufleté par un ange de Satan ; et il ne faut
point redouter les maladies mortelles pour le corps :

plus grave est ce qui frappe les âmes que ce qui frappe les corps.

Le comte Guillaume reçut la pénitence des évêques et des abbés ; il régla toutes ses affaires et partagea ses biens comme il l'entendit entre ses fils et sa femme ; pardonné et absous, il entendit la messe et les offices divins pendant tout le temps du Carême ; et enfin, pendant la semaine qui précède la semaine sainte, muni de l'extrême-onction et du viatique, ayant adoré et baisé le saint bois de la croix, il rendit son âme à Dieu dans les mains de l'évêque Rohon et des prêtres, faisant une fin louable. Son corps fut veillé pendant deux jours par les clercs et les moines dans la basilique de l'apôtre Pierre. Toute la cité fut remplie de lamentations. Au saint dimanche des Hosannas, son corps, couvert de feuillages et de fleurs, fut transporté à la basilique Saint-Cybard, où il fut enseveli devant l'autel de saint Denis. L'inhumation fut faite par les deux évêques Rohon, d'Angoulême, et Arnaut de Périgueux. Au sommet de sa tombe, son fils Audouin fit poser une plaque de plomb avec cette inscription : « CI-GÎT L'AIMABLE SEIGNEUR GUILLAUME, COMTE D'ANGOULÊME, QUI, L'ANNÉE MÊME DE SON RETOUR DE JÉRUSALEM MOURUT EN PAIX LE HUITIÈME JOUR DES IDES D'AVRIL, VEILLE DES RAMEAUX, L'AN MIL VINGT-HUIT DE L'INCARNATION. » Toute sa race repose dans le sanctuaire de Saint-Cybard. Cependant, sur l'ordre d'Audouin, les sorcières furent livrées aux flammes hors des murs de la ville. Et après l'enterrement, les évêques firent avec le clergé et le peuple la sainte procession dominicale, et firent une station solennelle.

PÉNITENCES INDIVIDUELLES

AUMÔNES

Toutefois, à l'humanité débarrassée, de la sorte, par le fer et le feu, de ses excroissances néfastes, il sied encore de se soumettre à des rites de pénitence, individuels aussi bien que collectifs. Le plus simple, le plus commun de tous, est l'aumône : au seuil de la mort, le même comte d'Angoulême offrit à Dieu tout son trésor :

Guillaume offrit à Saint-Cybard, pour prix de sa sépulture, des présents variés et considérables aussi bien en terres qu'en fils d'or et d'argent, et d'autres choses encore. Entre autres présents, il offrit une croix d'or processionnelle décorée de pierreries, du poids de sept livres, et deux candélabres en argent de fabrication sarrasine pesant quinze livres[4].

Guillaume, cependant, s'était préparé, déjà et mieux encore, au passage en « entendant la messe et les offices divins », c'est-à-dire en vivant comme un moine. Ce sont, en effet, les abstinences, tous les dépouillements qu'implique la profession monastique, qui sont rituellement imposés au chrétien qu'il s'agit de purifier. C'est-à-dire à l'homme coupable d'un très grave péché public, et, d'une manière plus générale, à tous les agonisants. Telle est alors la pénitence : un état, j'oserais même dire une situation sociale. Le pénitent, comme le moine, quitte le monde, sa femme, ses armes, ses biens; il se retranche des autres; il porte un vêtement particulier. La plus riche description de l'attitude pénitentielle se trouve dans la biographie de Robert le Pieux qu'écrivit Helgaud de Saint-Benoît-sur-Loire. Le roi de France était coupable, comme l'avait été le roi David : il avait épousé la femme de son vassal, qui de surcroît était déjà liée à lui par ce que la doctrine tenait alors pour une parenté trop proche; il avait ainsi commis, à la fois, l'adultère et l'inceste :

Et comme, ainsi que le dit l'Ecriture, Dieu permet que ce qu'il ne veut pas arrive, c'est par la permission de sa clémente sagesse que ces deux princes [Robert et David] sont tombés dans le péché; et c'est ainsi qu'ils se sont reconnus égaux par leur condition humaine à leurs sujets, et ont passé le reste de leur vie en veilles et en prières et à supporter diverses peines corporelles, afin que s'accomplît en eux le témoignage de l'Ecriture : « Dieu corrige celui qu'il aime, et flagelle tout fils qu'il accueille. » L'un et l'autre ont péché, ce qui est la coutume des rois; mais, visités par Dieu, ils ont fait pénitence, ils ont pleuré, ils ont gémi, ce qui n'est point la coutume des rois. A l'exemple du bienheureux David, notre seigneur Robert a confessé sa faute, a imploré son pardon, a déploré sa misère, a jeûné, a prié, et, en publiant sa douleur, a fait de sa confession un exemple pour tous les siècles. Ce que les particuliers ne rougissent point de faire, ce roi n'a point rougi de le confesser.

Le roi s'est purifié par l'aumône, qu'il pratiqua mieux qu'un autre roi. Helgaud remémore la longue liste de ses donations pieuses :

Brûlant d'honorer un si grand évêque [Aignan, évêque et patron d'Orléans], Robert, fleur odorante, ornement et grâce de la sainte Eglise, voulut, avec la grâce de Dieu, l'établir dans un plus grand sanctuaire, et entreprit de construire sur son tombeau une maison du Seigneur plus belle que celle qui s'y dressait. Avec l'aide de Dieu et le concours de saint Aignan, il mena cette œuvre à bonne fin. Cet édifice mesure en longueur quarante-deux toises, en largeur douze, en hauteur dix, et compte cent vingt-trois fenêtres. Dans ce temple, il fit dresser à la gloire des saints dix-neuf autels, dont nous avons pris soin de noter ici le détail : le maître-autel est en l'honneur de l'apôtre Pierre, auquel le roi associa dans la consécration son compagnon d'apostolat Paul, alors qu'auparavant on ne vénérait que saint Pierre en ce lieu ; au chevet un autel dédié à saint Aignan ; au bas de l'église, un autre dédié à ce même saint ; un autre à saint Benoît ; ceux qui restent, aux saints dont les noms suivent : Euverte, Laurent, Georges, tous les saints, Martin, Maurice, Etienne, Antonin, Vincent, Marie, Jean, le saint Sauveur,

Mamert, Nicolas, Michel. Le chevet du sanctuaire était un ouvrage admirable et ressemblait à celui de l'église de sainte Marie, mère du Seigneur, et des saints Agricol et Vital, située à Clermont. Quant à la châsse de saint Aignan lui-même, le roi la fit orner sur le devant du meilleur or fin, de pierres précieuses et d'argent pur. Et la table de l'autel de saint Pierre, à qui est dédié le sanctuaire, il la fit entièrement recouvrir d'or fin ; la noble reine Constance, sa glorieuse épouse, devait, après la mort de son très saint mari, faire retirer la valeur de sept livres de ce même or et le donner à Dieu et à saint Aignan pour permettre d'embellir la couverture de l'église ainsi bâtie ; ouverte depuis la base jusqu'au faîte, on y voyait mieux le ciel que la terre. Or il y avait sur la table de l'autel quinze livres d'or éprouvé. Ce qui resta, la reine le distribua à ceux à qui elle devait le distribuer : elle était pleine de sollicitude pour les églises de Dieu, selon la bienfaisante volonté de son seigneur.

Après tout cela, le glorieux roi Robert, désireux de faire consacrer saintement cette église, en la trente-sixième année de son sacre, de sa bénédiction et de son élévation à la royauté, convoqua par un ordre souverain, les archevêques Gauzlin, du siège de Bourges et abbé de Fleuri, Lierri, de Sens, et aussi Arnoul, de Tours. A leur assemblée vinrent se joindre les évêques Oury, d'Orléans, Thierri, de Chartres, Bernier, de Meaux, Guérin, de Beauvais, et Raoul, de Senlis. Il y eut aussi le vénérable seigneur Odilon, abbé de Cluny et d'autres bons hommes et de grand mérite, avec lesquels le roi voulait toujours s'entretenir. Ces personnages, et encore d'autres ministres de Dieu, levèrent du tombeau le noble corps du très saint ami de Dieu, Aignan, et avec lui ceux des saints Euspice, Monitor et Flosculus, confesseurs, Baudelius et Subilius, martyrs, et celui de sainte Agie, mère de saint Loup, confesseur ; et par le glorieux roi et ceux dont nous avons cité les noms et qui étaient venus pour cette cérémonie, Aignan fut veillé, loué et chanté par des hymnes et des laudes en l'église Saint-Martin, pendant qu'on préparait tout ce qui était utile et nécessaire à la sainte bénédiction. Quand tout fut prêt, le roi fit bénir et consacrer solennellement les lieux par les mêmes saints prêtres, en l'an de l'incarnation du Seigneur 1029, indiction douzième. L'illustre roi prend sur ses épaules la dépouille du saint, aidé par son peuple plein de joie et d'allégresse ; on la transfère au son des chants sacrés dans le nouveau temple que ce même glorieux Robert avait fait édifier, en louant le Seigneur et saint Aignan au son du tambour et des voix humaines, des instruments à cordes et de l'organon ; et on la dépose dans le lieu saint pour l'honneur, la gloire et la louange de Jésus-Christ notre Seigneur et de son serviteur Aignan, favorisé d'une gloire spéciale.

Quand cette cérémonie de consécration fut achevée, ainsi que tous les rites de la dédicace du saint temple, Robert, père de la patrie, qu'il ne faut nommer qu'avec révérence, se rendit à l'autel du très saint Pierre et du bien-aimé seigneur Aignan à la vue de tout le peuple, et, dépouillant son vêtement de pourpre, que l'on nomme en langue vulgaire un rochet, mit les deux genoux en terre et adressa du fond du cœur à Dieu cette prière suppliante : « Je te rends grâces, Dieu bon, qui aujourd'hui, par les mérites de saint Aignan, as mené jusqu'à son accomplissement le projet que j'avais conçu ; et je me réjouis en mon âme des corps saints qui en ce jour triomphent avec lui. Accorde donc, Seigneur, par tous tes saints que voici, aux vivants le pardon de leurs péchés, et à tous les défunts la vie et le repos éternels. Penche-toi sur les temps que nous vivons, gouverne ce royaume qui t'appartient, et qui nous a été confié par ta clémence, ta miséricorde et ta bonté ; dirige-le, protège-le pour l'honneur et la gloire de ton nom, par la vertu merveilleuse de saint Aignan, père de cette patrie, qu'il a merveilleuse-ment délivrée de ses ennemis. »

Cette prière terminée, chacun rentre gaiement chez soi ; et le jour même, le roi enrichit ce lieu de façon éclatante en lui donnant quatre nappes du plus grand prix, un vase d'argent et sa chapelle, qu'il légua pour après sa mort au Dieu tout-puissant et au très saint confesseur Aignan. La chapelle de ce très pieux, très sage et très puissant roi Robert consistait en ce qui suit : dix-huit chapes en bon état, magnifiques et fort bien travaillées ; deux livres des Evangiles revêtus d'or, deux d'argent, et deux autres plus petits, avec un missel d'outre-mer richement orné d'ivoire et d'argent ; douze phylactères d'or ; un autel merveilleusement orné d'or et d'argent, conte-nant en son milieu une pierre admirable appelée onyx ; trois croix d'or, dont la plus grande fait sept livres d'or pur ; cinq cloches (l'une de ces cloches, vraiment merveilleuse, pèse deux mille sept cents livres ; le roi y a fait graver le symbole du baptême royal par l'huile et le saint chrême, selon le rituel de l'Eglise, afin que, par la grâce du Saint-Esprit, cette cloche portât le nom de Robert). Le roi donna également à saint Aignan deux églises, celles de Santilly et de Ruan, avec leurs villages et toutes leurs dépendances, qu'il fit confirmer et corroborer par un précepte royal. Il obtint en outre du seigneur Thierri, vénérable évêque d'Orléans, les autels, de ces deux églises, avec un privilège accordé par l'évêque à saint Aignan et à l'illustre roi, qui avait toujours témoigné au saint par ses paroles la vive affection qu'il lui portait en son cœur.

L'aumône royale prend un aspect symbolique lorsque le souverain, christ du Seigneur, mime les attitudes de Jésus dans le temps de Pâques :

Mais nous ne voulons point passer sous silence l'habitude qu'il avait de faire l'aumône dans les résidences de son royaume. Dans la cité de Paris, à Senlis, à Orléans, à Dijon, à Auxerre, à Avallon, à Melun, à Etampes, dans chacune de ces résidences, on donnait à trois cents ou, pour être plus exact, à mille pauvres, quantité de pain et de vin ; et cela eut lieu tout spécialement l'année où il s'en alla vers Dieu, qui est la mille-trente-deuxième de l'Incarnation du Seigneur. En outre, pendant le saint Carême, partout où il allait, il faisait chaque jour distribuer à cent ou deux cents pauvres du pain, du poisson et du vin. Le jour de la Cène du Seigneur, chose incroyable pour qui ne l'a point vue, et vraiment admirable pour ceux qui en ont été témoins et y ont prêté leur concours, il n'y avait pas moins de trois cents pauvres réunis ce jour-là par sa providence ; il remettait de sa sainte main entre leurs mains, chacun lui faisant la génuflexion, des légumes, du poisson, du pain et un denier. Et cela se faisait à la troisième heure du jour. A la sixième heure, de même il donnait à cent clercs pauvres leur part de pain, de poisson et de vin, et les gratifiait chacun de douze deniers, sans cesser de chanter du cœur et des lèvres les psaumes de David. Puis, après son repas, cet humble roi se préparait au service de Dieu, quittait ses vêtements, endossait un cilice à même la peau ; il réunissait une assemblée de plus de cent soixante clercs ; à l'exemple du Seigneur, il leur lavait les pieds et les leur essuyait avec les cheveux de sa propre tête, et, obéissant à l'ordre du Seigneur, leur donnait à chacun deux sous ; le clergé était présent, et il y avait un diacre chargé de lire pendant ce temps le récit de la Cène du Seigneur selon saint Jean. Telles étaient les occupations de ce roi glorieux par ses mérites ; pendant tout le jour du vendredi saint, il parcourait les églises des saints et il adorait la croix du Seigneur jusqu'à la veille de la sainte Résurrection ; il s'en allait alors aussitôt prendre sa part du service de louange, qui ne manqua jamais dans sa bouche. C'est par les mérites de ces vertus et d'autres encore, c'est par le spectacle de ses bonnes œuvres que ce glorieux roi Robert, qu'il faut célébrer par toute la terre, s'est offert à l'admiration du monde et demeure un exemple pour toute la postérité.

Cet homme, après Dieu la toute particulière gloire des rois, en raison du nombre sacré des saints apôtres qu'il aimait de tout l'amour de son cœur et aux fêtes solennelles desquels il avait fait vœu de jeûner, se faisait accompagner de douze pauvres qu'il chérissait tout particulièrement. Il était vraiment pour eux le repos après les souffrances. Il comparait ces saints pauvres à des ânons vigoureux, et, partout où il se dirigeait, il les conduisait devant lui, joyeux, louant Dieu et bénissant son âme. Ses pauvres à lui, et d'innombrables autres, quand il s'agissait de les réconforter, il ne s'y refusait jamais, y mettant au contraire toute sa volonté. S'il en mourait, son fort souci était que leur nombre ne diminuât pas ; les vivants succédaient aux morts, représentant l'offrande à Dieu de ce si grand roi.

MACÉRATIONS

Pénitent — parce qu'il est pécheur, mais aussi du seul fait qu'il est roi, qu'il représente le Christ parmi son peuple, et qu'il est responsable du salut de tous — Robert impose également à son corps des macérations :

Une année qu'à la sainte époque du Carême, l'abbé de Saint-Arnoul de Crépy s'était rendu comme d'habitude auprès du roi, qui se trouvait alors à Poissy, après avoir traité les affaires pour lesquelles il était venu, ils prirent ensemble la nourriture du corps et celle de l'âme. Se sentant liés par l'affection que l'on éprouve d'habitude à ce moment, le bon abbé, rappelant au roi la bonté de Dieu, l'engagea à soutenir son corps plein d'humilité en lui accordant quelque nourriture, lui qui, frappant sans cesse à la porte du ciel par ses prières, participait aux mérites des saints. Cet homme plein de piété refusait et, se prosternant à terre, le suppliait de ne point lui faire violence, disant que s'il obéissait à de tels conseils, il n'accomplirait plus le vœu du jeûne qu'il avait fait à Dieu. A ces mots l'abbé se sentit contraint de se taire et, méditant en son cœur la perfection de vertu dont témoignait cette stricte observance du jeûne, il offrit pour le prince diverses et nombreuses messes afin que Dieu lui accordât de persévérer dans l'accomplissement de son vœu. Le roi, réjoui par les présents spirituels que lui faisait ainsi le saint homme, rendit grâces à Dieu et observa le saint jeûne sans interruption dans l'attente du jour de la résurrection de notre Dieu et Seigneur Jésus-Christ. Ce fervent du bien en matière de religion, pour la purification de ses péchés, agissait ainsi : depuis la sainte Septuagésime jusqu'à Pâques, sans se servir du moindre coussin, il s'allongeait fréquemment sur la dure terre et tendait inlassablement son âme vers le ciel. Pour de tels traits et pour bien d'autres, puisse la courte prière suivante profiter au salut de son âme : « Que Dieu efface les souillures de ses actes passés, qu'il les rejette dans un oubli éternel, et le fasse participer à la première résurrection, lui qui est la résurrection des morts, Jésus-Christ qui vit et règne dans les siècles des siècles. »

PÈLERINAGE

A l'approche du trépas, les rites de pénitence prennent plus d'ampleur. Bien avant sa mort corporelle, le roi Robert veut mourir au siècle. Il s'y emploie par cette rupture qu'est le pèlerinage. Pratique pénitentielle majeure, une telle épreuve lance le chrétien dans les périls d'une aventure, et comme jadis le peuple des Hébreux, le met en marche vers la Terre Promise. Le roi visite ainsi, à tour de rôle, jusqu'à l'abbaye de Saint-Gilles, aux confins de son royaume, tous les saints, ses amis, dans les tombeaux où ils reposent :

Habité du désir de mourir au siècle et de vivre en le Christ notre Dieu, ce puissant roi, souhaitant voir celui à qui appartient tout ce qui existe et à qui nous rapportons tout ce que nous écrivons, voulut avoir pour ami sur la terre celui que le ciel ne peut contenir. Il se rend pendant le Carême auprès des saints qui sont unis à lui dans le service de Dieu, les prie, les honore, frappe leurs oreilles d'humbles et salutaires prières afin d'être trouvé digne de chanter avec tous les saints les louanges de Dieu. Il travaillait à cela de toute sa chair et de tout son esprit, afin de triompher un jour par la vertu de Dieu. Il fut accueilli dans le pays de Bourges par le saint protomartyr Etienne, avec saint Maïeul, au premier rang par ses mérites, par sainte Marie avec le célèbre et très grand martyr Julien, de nouveau par la très clémente vierge des vierges Marie avec le grand confesseur saint Gilles. Puis l'illustre Saturnin, le vaillant Vincent, le digne Antonin, sainte Foy martyre, enfin le saint et très valeureux chevalier du Seigneur, Géraud, le rendent à son retour sain et sauf au glorieux Etienne, chez qui il passe dans l'allégresse le jour des Rameaux, avant de gagner Orléans pour y recevoir au jour de Pâques l'auteur de notre salut. Chemin faisant, il fit de nombreux dons à ces saints, et sa main n'abandonna jamais les pauvres. Il y a dans ces pays bien des malades, et surtout des lépreux ; cet homme de Dieu n'en eut point horreur, ayant lu dans les saintes Ecritures que bien souvent le Seigneur Christ a reçu sous sa forme humaine l'hospitalité des lépreux. Il s'approchait d'eux, avec empressement, entrait chez eux, leur donnait de l'argent de sa propre main et de sa propre bouche leur baisait les mains ; et il louait Dieu en toutes choses, se rappelant la parole du Seigneur : « Souviens-toi que tu es poussière et que tu retourneras en poussière. » A d'autres malheureux, il envoyait avec piété des secours, pour l'amour du Dieu tout-puissant, qui fait de grandes choses partout où il se trouve. Et la puissance de Dieu conféra à cet homme parfait une telle vertu pour soigner les corps que, lorsqu'il touchait de sa très pieuse main la plaie des malades en y faisant le signe de la croix, il les guérissait de toute la douleur de leur mal.

PSALMODIE

Enfin, dans son agonie qu'escortent les prodiges, il accomplit les gestes de la liturgie monastique, et se comporte en véritable fils de saint Benoît :

Avant son trépas vraiment saint, qui eut lieu le treizième jour des calendes d'août, on vit dans le monde entier, le jour de la passion des saints apôtres Pierre et Paul, le soleil prendre l'apparence de la nouvelle lune à son premier quartier et, privé de ses rayons, s'obscurcir et pâlir au-dessus des hommes, vers la sixième heure du jour. Ce phénomène gênait tellement la vue que les gens ne se reconnaissaient pas et qu'il fallait un certain temps avant de pouvoir se reconnaître. Ce que cela présageait fut bien connu : pour nous, misérables, rien ne nous advint que l'insoutenable douleur où nous laissa sa mort. Du jour de la fête de saint Pierre à celui de son très saint trépas, on compte vingt et un jours. Pendant ces jours, il chanta les saints psaumes de David, et médita la loi du Seigneur nuit et jour, afin certes qu'on pût lui appliquer ce qu'on avait dit spécialement de notre très saint père Benoît :

« Assidu chanteur de psaume, il ne laissait jamais la lyre en repos,

« Et il mourut en chantant assidûment les saints psaumes. »

Cet homme mille fois bienheureux savait que la libre paix et le paisible repos attendent les serviteurs de Dieu, quand, enlevés aux agitations du monde, ils accèdent au siège sûr du port éternel, et qu'après l'épreuve de la mort ils entrent dans l'immortalité. Et il se hâtait, par les vertus que nous avons montrées en lui, de quitter les tristesses présentes pour parvenir à la joie éternelle. Il disait qu'il avait la joie complète de souffrir pour mériter de contempler le Christ notre Dieu. Prêt, de lui-même, à sortir de ce monde, il ne cessait d'invoquer le Seigneur Jésus, maître du salut et de tout bien. Pour pouvoir contempler l'invincible puissance du Roi éternel, il priait inlassablement de la voix et du geste les anges, les archanges et tous les saints de Dieu de venir à son secours, se fortifiant toujours sur son front, sur ses yeux, sur ses narines, sur ses lèvres, sur sa gorge, sur ses oreilles, par le signe de la sainte croix, en mémoire de l'incarnation du Seigneur, de sa nativité, de sa passion, de sa résurrection, de son ascension, et de la grâce du Saint-Esprit. Telle avait été sa coutume pendant sa vie, à lui qui ne manqua jamais volontairement d'eau bénite. Et, débordant de ces vertus et de bien d'autres, en sa soixantième année, croyons-nous, il attendait la mort sans trembler. Sa maladie s'aggrava beaucoup du fait d'une fièvre intense, il réclama le viatique salutaire et bienfaisant du corps et du sang vivifiant de notre Seigneur Jésus-Christ. Après qu'il l'eut reçu, un court moment passa encore, puis il s'en alla vers le Roi des rois et le Seigneur des seigneurs et, bienheureux, il accéda au royaume heureux. Il s'endormit, comme nous l'avons dit, dans le Seigneur, le treizième jour des calendes d'août, un mardi, à l'aurore, dans le bourg de Melun ; il fut transporté à Paris et enterré à Saint-Denis auprès de son père, devant l'autel de la Sainte-Trinité[5].

PROFESSION MONASTIQUE

Cependant, la plus parfaite des pénitences individuelles, la plus salutaire, consistait à se « convertir », à renverser le cours de son existence en entrant dans un monastère. La plupart des moines de l'An Mil avaient été « offerts » à Dieu par leurs parents dans leur prime enfance : oblats, ils avaient reçu une formation spéciale au sein de la communauté, qui était ainsi sa propre école. Il était tout à fait exceptionnel qu'un homme fait, élevé pour vivre dans le siècle, décidât de rompre avec les siens et de revêtir l'habit de Saint-Benoît ; un tel acte suscitait parfois le scandale (voir p. 249). Mais l'usage se répand à cette époque, pour les hommes d'un certain âge et qui se préparent à la mort, de se retirer du monde. Beaucoup, tel ce « laïque, et pourtant très religieux » dont parle Raoul Glaber (voir p. 99) se contentent de suivre les offices régulièrement et s'établissent, pour cela, à la porte d'un monastère. Quelques-uns y pénètrent, y font profession. La plupart abandonnent les armes, coupent leurs cheveux et revêtent le froc sur leur lit de mort, en faisant au monastère qu'ils ont choisi une large donation. Voici l'acte écrit, rédigé à l'occasion de la conversion du vicomte de Marseille. Ce grand seigneur possédait dans son patrimoine familial l'évêché de cette ville (son frère Pons est alors évêque) et l'antique abbaye de Saint-Victor, restaurée une quarantaine d'années plus tôt alors que reculait le péril sarrasin, et c'est ici qu'il se fait moine.

A l'initiative de la miséricorde du Dieu tout-puissant, et avec l'approbation de sa bienveillante clémence, lui qui ne veut pas la mort du pécheur, mais qu'au contraire il se convertisse et vive, moi Guillaume, vicomte de Marseille, gisant sur mon lit,

dans la maladie que le même Seigneur m'a envoyée,
je suis entouré par les frères du monastère du
bienheureux Victor, à savoir Guifred, placé à la tête
dudit monastère par l'abbé Garnier [de Psalmodi]
comme prieur, ainsi que les autres frères, et ceux-ci
selon la coutume des serviteurs de Dieu, ont entrepris de me suggérer que le moment était venu pour
moi d'abandonner la milice séculière afin de militer
pour Dieu. Aussi moi, grâce à Dieu, touché par
leurs exhortations, j'ai sacrifié ma chevelure, et
selon la règle de saint-Benoît j'ai reçu l'habit monastique. Et, outre ce qu'au temps de ma santé j'avais
autrefois donné audit monastère du bienheureux
Victor martyr, c'est-à-dire le domaine du Plan
d'Aups avec toutes ses dépendances et bornages,
maintenant, plein de sens et en pleine possession de
ma mémoire, pour le remède de mon âme, je fais
donation à Dieu tout-puissant et à saint Victor, ainsi
qu'aux abbés et moines qui servent dans ledit lieu,
d'un domaine appelé *Campanias,* du moins de la
moitié de ce domaine, que pour une raison de mise
en valeur je possède là, en toute intégrité, sans
aucune restriction, avec ses dépendances et bornages. Comme moi je l'ai possédée durant ma vie,
ainsi je la cède et la donne et la transmets, comme je
l'ai dit, à Dieu tout-puissant et à mon seigneur saint
Victor qui m'a toujours aidé en toute nécessité et qui
maintenant, par son intercession, me fait venir à la
milice sacrée.

[Suivent les confronts de la villa ainsi donnée, puis
les adjurations comminatoires, l'amende fixée s'éle-
vant pour l'usurpateur à deux cents livres d'or.]

Cette charte de donation a été établie à Marseille,

dans la cité, l'an de l'incarnation du Seigneur mil quatre, le quinze octobre, Rodolphe étant roi.

[Suivent les signatures du donateur, de son fils l'évêque Pons, de la famille vicomtale et de quelques laïcs] [6].

III

LA PAIX DE DIEU

Mais dans les années qui avoisinent l'An Mil, la chrétienté sent qu'elle va tout entière franchir le passage. Elle s'y prépare donc en s'appliquant les pénitences que s'imposent les mourants. C'est pourquoi l'on voit tous les rites de purgation, non seulement se multiplier, mais devenir collectifs ; ils sont proposés à l'ensemble du peuple, tout entier coupable, et appelé à traverser en un seul corps l'épreuve qui débouche sur le Royaume.

LES ASSEMBLÉES DE PAIX

Cette généralisation des pratiques pénitentielles, des interdits et des renoncements fut le principal objet des grandes assemblées qui d'abord dans le sud de la Gaule, au voisinage des cités trop étroites pour les contenir tout entières, réunirent alors les prélats, les grands et les foules populaires autour des châsses et des reliques. Il s'agissait de faire observer par tous, à quelque ordre de la société qu'ils appartinssent, des règles de vie qui n'étaient jusqu'alors suivies que dans les cloîtres, par les moines, par les spécialistes des macérations et de l'abstinence. Se priver tous ensemble, renoncer aux plaisirs que l'on prend à manger de la viande, à faire l'amour, à manier de l'or, à combattre : c'était le moyen pour le peuple de Dieu de conjurer la vengeance divine, de faire dans l'immédiat reculer les fléaux, et de se préparer au jour de colère. Lorsqu'il décrit dans son développement l'ample mouvement qui fit se propager du Sud au Nord de la Gaule de tels conciles purificateurs, Raoul Glaber met fort justement en évidence le lien organique unissant les deux principales décisions que l'on prit : aggraver les règles du jeûne ; instaurer la paix de Dieu. Deux privations.

C'est alors [la millième année après la Passion du Seigneur] que, tout d'abord dans les régions de l'Aquitaine, les évêques, les abbés et les autres hommes voués à la sainte religion commencèrent à réunir tout le peuple en des assemblées, auxquelles on apporta de nombreux corps de saints et d'innombrables châsses remplies de saintes reliques. De là, par la province d'Arles, puis celle de Lyon ; et ainsi, par toute la Bourgogne et jusque dans les contrées les plus reculées de la France, il fut annoncé dans tous les diocèses qu'en des lieux déterminés, les prélats et les grands de tout le pays allaient tenir des assemblées pour le rétablissement de la paix et pour l'institution de la sainte foi. Quand la nouvelle de ces assemblées fut connue de toute la population, les grands, les moyens et les petits s'y rendirent pleins de joie, unanimement disposés à exécuter tout ce qui serait prescrit par les pasteurs de l'Eglise ; une voix venant du ciel et parlant aux hommes sur la terre n'eût pas fait mieux. Car tous étaient sous l'effet de la terreur des calamités de l'époque précédente, et tenaillés par la crainte de se voir arracher dans l'avenir les douceurs de l'abondance.

Une notice, divisée en chapitres, contenait à la fois ce qu'il était défendu de faire et les engagements sacrés qu'on avait décidé de prendre envers le Dieu tout-puissant. La plus importante de ces promesses était celle d'observer une paix inviolable ; les hommes de toutes conditions, de quelque méfait qu'ils fussent coupables, devaient désormais pouvoir aller sans crainte et sans armes. Le voleur ou celui qui avait envahi le domaine d'autrui était soumis à la rigueur d'une peine corporelle. Aux lieux sacrés de toutes les églises devait revenir tant d'honneur et de révérence que, si un homme, punissable pour quelque faute, y faisait refuge, il ne subissait aucun dommage, sauf s'il avait violé ledit pacte de paix ; alors il était saisi, arraché à l'autel et devait subir la peine prescrite. Quant aux clercs, aux moines, et aux moniales, celui qui traversait un pays en leur compagnie ne devait souffrir violence de personne.

On prit dans ces assemblées beaucoup de décisions que nous voulons rapporter tout au long. Fait bien digne de mémoire, tout le monde fut d'accord pour sanctifier désormais dans chaque semaine le vendredi en s'abstenant de vin, et le samedi en se privant de viande, sauf dans les cas de maladie grave ou si une grande solennité tombait ces jours-là ; si l'on était amené par quelque circonstance à relâcher un peu cette règle, on devait alors nourrir trois pauvres[7].

La chronologie des assemblées pour la restauration de la paix est en vérité beaucoup plus large qu'il n'apparaît en lisant Glaber. Les premières se tinrent en 989-990, simultanément à Charroux, dans le Poitou, et à Narbonne; d'autres se réunirent, en Aquitaine et dans l'ancienne Gothie, jusqu'à l'An Mil. Puis, aux alentours de 1023, le mouvement gagna par la vallée du Rhône et celle de la Saône, la France du Nord; il connut une nouvelle expansion dans les années 1027-1041 un peu partout en Gaule, mais surtout dans les provinces méridionales. Ordonné effectivement autour des deux millénaires, il ne s'est pas propagé dans l'Empire, dont le souverain était encore personnellement capable de maintenir l'ordre et la justice. En fait ce fut bien l'impuissance du roi de France qui conduisit l'Eglise, et d'abord dans les régions du royaume où la dégradation de l'autorité monarchique avait été la plus précoce, à assumer elle-même la mission pacifique que Dieu naguère confiait au souverain.

LE SERMENT DE LA PAIX

La restauration de la paix fut conçue comme un pacte destiné à contenir la turbulence de l'un des trois ordres de la société, celui des hommes de guerre. Les chevaliers, dans chaque province, durent, la main sur les reliques, jurer de contenir leur agressivité dans des limites précises. Voici le texte du serment établi par l'évêque de Beauvais, Guérin, en 1023-1025 :

Je n'envahirai une église d'aucune façon. En raison de sa sauveté je n'envahirai pas non plus les celliers qui sont dans l'enclos d'une église, sauf dans le cas où un malfaiteur aurait enfreint cette paix, ou en raison d'un homicide, ou de la prise d'un homme ou d'un cheval. Mais si pour ces motifs j'envahis lesdits celliers, je n'en emporterai rien si ce n'est le malfaiteur ou son équipement, à mon escient.

Je n'attaquerai pas le clerc ou le moine s'ils ne portent pas les armes du monde, ni celui qui marche avec eux sans lance ni bouclier ; je ne prendrai pas leur cheval, sauf cas de flagrant délit qui m'autorise à le faire, ou à moins qu'ils n'aient refusé de réparer leur faute dans un délai de quinze jours après mon avertissement.

Je ne prendrai pas le bœuf, la vache, le porc, le mouton, l'agneau, la chèvre, l'âne, le fagot qu'il porte, la jument et son poulain non dressé. Je ne saisirai pas le paysan ni la paysanne, les sergents ou les marchands ; je ne leur prendrai pas leurs deniers ; je ne les contraindrai pas à la rançon ; je ne les ruinerai pas, en leur prenant leur avoir sous le prétexte de la guerre de leur seigneur, et je ne les fouetterai pas pour leur enlever leur subsistance.

Le mulet ou la mule, le cheval ou la jument et le poulain, qui sont au pâturage, je n'en dépouillerai personne depuis les calendes de mars jusqu'à la Toussaint, sauf si je les trouve en train de me faire dommage.

Je n'incendierai ni n'abattrai les maisons, à moins que je n'y trouve un chevalier, mon ennemi, ou un voleur ; à moins aussi qu'elles ne soient jointes à un château qui soit bien un château.

Je ne couperai, ni n'arracherai, ni ne vendangerai les vignes d'autrui, sous prétexte de la guerre, si ce n'est sur la terre qui est et doit être mienne. Je ne détruirai pas de moulin et je ne déroberai pas le blé qui s'y trouve, sauf quand je serai en chevauchée ou en expédition militaire publique, et si c'est sur ma propre terre.

Au voleur public et avéré, je ne procurerai ni soutien, ni protection, ni à lui ni à son entreprise de brigandage, à mon escient. Quant à l'homme qui sciemment, enfreindra cette paix, je cesserai de le protéger dès que je le saurai ; et s'il a agi inconsciemment et qu'il soit venu recourir à ma protection, ou bien je ferai réparation pour lui, ou bien je l'obligerai à le faire dans le délai de quinze jours, après quoi je serai autorisé à lui demander raison ou je lui retirerai ma protection.

Je n'attaquerai pas le marchand ni le pèlerin, et je ne les dépouillerai pas, sauf s'ils commettent un méfait. Je ne tuerai pas le bétail des paysans, si ce n'est pour ma nourriture et celle de mon escorte.

Je ne capturerai pas le paysan et je ne lui enlèverai pas sa subsistance à l'instigation perfide de son seigneur.

Je n'attaquerai pas les femmes nobles, ni ceux qui circuleront avec elles, en l'absence de leur mari, à moins que je ne les trouve commettant quelque méfait contre moi de leur propre mouvement ; j'observerai la même attitude envers les veuves et les moniales.

Je ne dépouillerai pas non plus ceux qui conduisent du vin sur des charrettes et je ne leur prendrai pas leurs bœufs. Je n'arrêterai pas les chasseurs, leurs chevaux et leurs chiens, sauf s'ils me nuisent, à moi-même ou à tous ceux qui ont pris le même engagement et l'observent à mon égard.

J'excepte les terres qui sont de mon alleu et de mon fief, ou bien qui m'appartiennent en franchise, ou bien qui sont sous ma protection, ou bien qui sont de mon ressort. J'en excepte encore les cas où je bâtirai ou assiégerai un château, les cas où je serai à l'armée du roi et de nos évêques, ou à la chevau-chée. Mais même alors, je n'exigerai que ce qui sera nécessaire à ma subsistance et je ne rapporterai chez moi rien d'autre que les fers de mes chevaux. A l'armée, je ne violerai pas la sauveté des églises, à moins qu'elles ne m'interdisent l'achat et le trans-port des vivres.

Depuis le début du Carême jusqu'à Pâques, je n'attaquerai pas le chevalier qui ne porte pas les armes du monde et je ne lui enlèverai pas la subsistance qu'il aura avec lui. Si un paysan fait tort à un autre paysan ou à un chevalier, j'attendrai quinze jours ; après quoi, s'il n'a pas fait réparation, je me saisirai de lui, mais ne prendrai de son avoir que ce qui est légalement fixé [8].

Il s'agit bien, en effet, de protéger l'ordre de ceux qui prient et l'ordre de ceux qui travaillent, plus généralement les pauvres et tous les gens sans armes, contre les pillages et les assauts des spécialistes de la guerre, donc de maintenir la sécurité publique de la manière même dont le faisaient naguère les rois. Cependant ces serments contiennent quelques disposi-tions qui engagent un peu plus loin l'intention pacifi-que. Ils limitent avec plus de rigueur certaines activi-

*tés militaires pendant le Carême et fournissent la
preuve que, dans cette saison de pénitence, certains
chevaliers déposaient leurs armes et renonçaient aux
joies du combat, par souci de purification personnelle.*

LA TRÊVE DE DIEU

*En fait, peu à peu, aux simples consignes de paix se
substitua un engagement tout différent, qui ne cherchait pas seulement à délimiter des aires de protection
contre les violences de la guerre, mais qui établissait
une suspension générale de toute hostilité pendant les
périodes les plus saintes du calendrier liturgique.
Cette abstinence, la trêve de Dieu, fut proposée à la
chevalerie comme la forme d'ascèse la plus convenable à son état :*

Il arriva en ce temps-là [*en 1041, dit Glaber, mais
en fait un peu plus tôt*], sous l'inspiration de la grâce
divine, et d'abord dans les pays de l'Aquitaine, puis,
peu à peu, dans tout le territoire de la Gaule, que se
conclut un pacte, à la fois pour la crainte et pour
l'amour de Dieu. Il interdisait à tout mortel, du
mercredi soir à l'aube du lundi suivant, d'être assez
téméraire pour oser prendre par la force quoi que ce
fût à quiconque, ou pour tirer vengeance d'aucun
ennemi, ou même pour se saisir des gages du garant
d'un contrat. Celui qui irait contre cette mesure
publique, ou bien le paierait de sa vie, ou bien se
verrait banni de sa patrie et exclu de la communauté
chrétienne. Il plut à tous d'appeler ce pacte, en

langage vulgaire, la trêve de Dieu. En effet, elle ne
jouissait pas seulement de l'appui des hommes, mais
encore elle fut maintes fois ratifiée par de redouta-
bles signes divins. Car la plupart des fous qui dans
leur audacieuse témérité ne craignirent pas d'en-
freindre ce pacte en furent châtiés sans retard, soit
par la colère vengeresse de Dieu, soit par le glaive
des hommes. Et cela se produisit en tous lieux si
fréquemment que le grand nombre des exemples
empêche de les citer un par un ; ce ne fut d'ailleurs
que justice. Car si le dimanche est tenu pour
vénérable en souvenir de la résurrection du Seigneur
— on appelle aussi ce jour l'octave — de même le
cinquième, le sixième et le septième jour de la
semaine, en souvenir de la Cène et de la Passion du
Seigneur, doivent être fériés et exempts d'actes
d'iniquité [9].

IV

LES PÈLERINAGES COLLECTIFS

Il faut situer dans les mêmes perspectives le déve-
loppement concomitant des pèlerinages collectifs.
Dans les années qui précédèrent l'An Mil, l'habitude
se prit parmi les très grands seigneurs du royaume de
France, de partir au loin, avec leurs amis, leurs
prêtres et leurs vassaux, visiter un lieu saint. C'était à
la fois s'imposer une pénitence salutaire et s'assurer
les faveurs des personnages invisibles et formidables
dont on allait saluer la sépulture. A cela s'ajoutaient
les joies d'un voyage en bande. Ainsi le duc Guil-
laume d'Aquitaine dès sa jeunesse avait pris coutume
de se rendre chaque année à Rome, au tombeau des
Apôtres ; les années où il n'allait pas à Rome, il
faisait en compensation un voyage de dévotion à
Saint-Jacques de Galice.

VERS JÉRUSALEM

La conversion du prince des Hongrois en l'An Mil
abaissa l'un des obstacles qui encombraient le chemin
de Jérusalem :

Dans le même temps le peuple des Hongrois, qui
était aux alentours du Danube, se tourna avec son
roi vers la foi du Christ. Ce roi, baptisé du nom
d'Etienne, mit son honneur à être très chrétien ;
l'empereur Henri lui donna sa sœur en mariage. A
cette époque, presque tous ceux qui, d'Italie et de
Gaule, désiraient se rendre au sépulcre du Seigneur
à Jérusalem, se mirent à délaisser la route accoutu-
mée, qui traversait les détroits de la mer, et à passer
par le pays de ce roi. Celui-ci leur ménagea à tous
une route des plus sûres ; il accueillait comme des
frères tous ceux qu'il voyait, et leur faisait d'énormes
présents. Ces façons incitèrent une innombrable
multitude, tant de nobles que de gens du peuple, à
partir pour Jérusalem [10].

*Dans les années qui suivirent, et notamment après
la destruction du Saint Sépulcre, lequel fut très vite
rebâti, Jérusalem devint, avec Rome et Saint-Jacques-
de-Compostelle, le but des plus exaltantes et des plus
salutaires pérégrinations. La vogue que connut dès
lors le voyage de Terre Sainte frappa les contemporains.*

En ce temps-là *(1026)*, Guillaume, comte d'Angoulême, fit route par la Bavière, vers le sépulcre du
Seigneur. Il était accompagné d'Eude de Bourges,
sire de Déols, de Richard, abbé de Verdun, de
Richard, abbé de Saint-Cybard d'Angoulême, avec
son prieur et conseiller, Giraut Fanesin, d'Amfroi,
qui depuis fut abbé, et d'une grande cohorte de
nobles. Etienne, roi de Hongrie, l'accueillit avec les

plus grands honneurs et le combla de présents. Il prit la route le premier jour d'octobre, parvint à la cité sainte dans la première semaine du mois de mars, et retourna vers les siens dans la troisième semaine de juin. En revenant, il passa par Limoges, où toute la foule des moines de Saint-Martial vint au-devant de lui et le reçut en grande pompe. Bien mieux, dès que la nouvelle de son arrivée parvint à Angoulême, tous les seigneurs non seulement de l'Angoumois, mais encore du Poitou et de la Saintonge, et les gens de tous âges et de tous sexes accoururent au-devant de lui, remplis de joie, pour le contempler. Le clergé du monastère de Saint-Cybard, en robe blanche et portant divers ornements, accompagné d'une grande foule de peuple, de clercs, de chanoines, s'avança joyeusement à sa rencontre jusqu'à un mille hors des murs de la cité, au son des laudes et des antiennes. Et tous, lançant au plus haut des cieux les cris du *Te Deum laudamus,* lui firent cortège selon l'usage. C'est alors qu'il choisit le moine Amfroi, qui se trouvait avec lui, pour abbé de la basilique Saint-Cybard. L'abbé Richard était, en effet, mort en route, à Salembria, cité de Grèce en deçà de Constantinople, et y avait été enterré la veille de l'Epiphanie. Le nouvel abbé fut ordonné par l'évê-que Rohon, en la présence du comte lui-même, de l'abbé de Saint-Martial Ulric, dignement entouré de ses moines, des abbés du voisinage et de la haute noblesse des seigneurs. [...] Revenu de Jérusalem, Guillaume avait donné le bon exemple à bien des seigneurs nobles, des gens de la classe moyenne, et des pauvres. Bien vite, en effet, Isembert, évêque de Poitiers, Jordan, évêque de Limoges, et le comte [d'Anjou] Foulque, et encore beaucoup d'autres hauts barons et une immense multitude de gens des classes moyennes, pauvres et riches, prirent le chemin de Jérusalem[11].

LE GRAND ÉLAN

Mais c'est en 1033, millénaire de la Passion, que Raoul Glaber place, dans son récit, l'apogée du « saint voyage ». Il sait marquer aussi la signification profonde du pèlerinage : il est préparation à la mort ; il est promesse de salut. Et le pèlerin qui s'arrache à sa maison, qui rompt avec ceux de son lignage, qui se dépouille de toute protection, qui se dégage de toute affection, est en fait déjà, comme le roi Robert dans les mois qui précédèrent son trépas, parti pour l'au-delà. Son véritable espoir est de trouver la mort en route.

Dans le même temps une foule innombrable se mit à converger du monde entier vers le sépulcre du Sauveur à Jérusalem ; personne auparavant n'aurait pu prévoir une telle affluence. Ce furent d'abord les gens des classes inférieures, puis ceux du moyen peuple, puis tous les plus grands, rois, comtes, marquis, prélats ; enfin, ce qui n'était jamais arrivé, beaucoup de femmes, les plus nobles avec les plus pauvres, se rendirent là-bas. La plupart avait le désir de mourir avant de retourner dans leur pays. Un nommé Liébaut, originaire de Bourgogne, du diocèse d'Autun, qui voyageait avec les autres, arriva là-bas. Après avoir contemplé ces lieux sacrés entre tous, il vint à passer par ce mont des Oliviers, duquel le Sauveur, à la vue de tant de témoins dignes de foi, s'est élevé vers les cieux, d'où il a promis de venir juger les vivants et les morts ; les bras en croix, prosterné tout de son long, tout en larmes, il se sentit ravi en le Seigneur d'une joie intérieure indicible. Par moments il se redressait, élevait les mains vers le ciel, tendait de toutes ses forces son corps vers le haut, et montrait le désir de son cœur par ces paroles :

« Seigneur Jésus, qui à cause de nous as daigné descendre du siège de ta majesté sur la terre pour sauver le genre humain, et qui, de ce lieu que je vois de mes yeux, es remonté avec ton vêtement de chair au ciel d'où tu étais venu, je supplie ta toute-puissante bonté de permettre que, si mon âme doit cette année émigrer de mon corps, je ne m'en aille plus d'ici ; mais que cela m'arrive en vue du lieu de ton ascension. Je crois en effet que comme je t'ai poursuivi avec mon corps en venant jusqu'ici, ainsi mon âme entrera saine et sauve et joyeuse à ta suite dans le Paradis. »

Après cette prière, il rentra avec ses compagnons à son gîte. C'était alors l'heure du repas. Mais pendant que les autres se mettaient à table, il gagna sa couche d'un air gai, comme si, sous l'effet d'un pesant sommeil, il allait prendre quelque repos ; il s'assoupit aussitôt, et l'on ne sait ce qu'il vit. Mais dès qu'il fut endormi il s'écria :

« Gloire à toi, Dieu ! Gloire à toi, Dieu ! »

Ses compagnons, l'entendant, l'engageaient à se lever et à manger avec eux. Il refusa, et en se tournant de l'autre côté déclara qu'il ne se sentait

pas bien ; il resta couché jusqu'au soir, appela ses
compagnons de voyage, demanda et reçut le viatique
de l'Eucharistie vivifiante ; puis il les salua avec
douceur, et rendit l'âme. Certes cet homme était
exempt des sentiments de vanité qui font entreprendre ce voyage à tant de gens, uniquement désireux
de se parer du titre prestigieux de pèlerins de
Jérusalem ; avec foi, il a demandé au nom du
Seigneur Jésus à s'approcher du Père, et a été
exaucé. Ses compagnons, à leur retour, nous ont fait
ce récit alors que nous nous trouvions au monastère
de Bèze.

PÈLERINAGE ET ESCHATOLOGIE

*Raoul Glaber, cependant, établit un rapport essen-
tiel entre la pulsion mystérieuse qui porte les peuples
d'Occident à se mettre en route vers le lieu de Passion
et l'approche de la fin des temps. Il s'agit encore, pour
lui, d'un présage :*

Beaucoup de gens allèrent consulter certains des
hommes, de ce temps les plus inquiets, sur la
signification d'un si grand concours de peuple à
Jérusalem, tel que nul siècle passé n'en avait vu de
semblable ; ils répondirent en pesant leurs paroles
que cela ne présageait pas autre chose que la venue
de ce misérable Antéchrist qu'à l'approche de la fin
de ce monde il faut, au témoignage de l'autorité
divine, s'attendre à voir surgir. Toutes ces nations
aplanissaient la route de l'Orient, par où il doit
arriver, puisque toutes les nations doivent alors

marcher tout droit à sa rencontre. Et ainsi en vérité s'accomplirait la prophétie du Seigneur selon laquelle même les élus, si c'est possible, tomberont alors dans la tentation. Nous nous en tiendrons là sur ce sujet, ne niant point du reste que les pieux efforts des fidèles leur vaudront de recevoir du juste Juge leur récompense et leur salaire [12]

On pensait en effet que le temps des tribulations s'ouvrirait lorsque le dernier Empereur serait venu, à la tête de tout le peuple de Dieu, déposer au Golgotha les insignes de sa puissance. Mais les essaims de pèlerins espéraient bien atteindre, par-delà la Jérusalem charnelle, la Cité de Dieu.

7

Nouvelle Alliance

LE PRINTEMPS DU MONDE

Pour les historiens qui se mirent à l'ouvrage au lendemain du millénaire de la Passion, les serments de paix, les pèlerinages, toutes les mesures de purification collective avaient atteint leur but. On pouvait voir les forces du mal reculer en déroute. La colère de Dieu s'apaisait. Il acceptait de conclure avec le genre humain un nouveau contrat. Les mille ans accomplis, après le passage des fléaux, la chrétienté sortait comme d'un nouveau baptême. Au chaos, l'ordre succédait. Le lendemain de l'An Mil est un nouveau printemps du monde.

Dans l'une des plus belles pages de ses Histoires, *Raoul Glaber évoque l'allégresse de l'univers, en 1033, après la terrible famine et tandis que se développe le mouvement pour la paix de Dieu.*

L'an millième depuis la Passion du Seigneur, suivant ladite désastreuse famine, les pluies des nuées s'apaisèrent obéissant à la bonté et à la miséricorde divines. Le ciel commença de rire, de s'éclairer et s'anima de vents favorables. Par sa sérénité et sa paix, il montrait la magnanimité du

Créateur. Toute la surface de la terre se couvrit
d'une aimable verdeur et d'une abondance de fruits
qui chassa tout à fait la disette... D'innombrables
malades retrouvèrent la santé dans ces réunions, où
l'on avait amené tant de saints. Et, pour que nul ne
prît cela pour des fantasmes, il arriva à maintes
reprises qu'au moment où des bras ou des jambes
tordus reprenaient leur rectitude première, on vît la
peau se déchirer, les chairs s'ouvrir et le sang couler
à flots : ceci afin que fût porté créance aux cas pour
lesquels le doute pouvait subsister. L'enthousiasme
était si ardent que les assistants tendaient les mains
vers Dieu en criant d'une seule voix : « Paix ! Paix !
Paix ! » Ils voyaient le signe du pacte définitif, de la
promesse nouée entre eux et Dieu. Il était d'ailleurs
entendu qu'au bout de cinq ans révolus, pour
consolider la paix, tous renouvelleraient dans le
monde entier ces manifestations avec un éclat merveilleux. Cependant, en cette même année, le blé, le
vin et les autres fruits de la terre furent en telle
abondance qu'on n'eût pu en espérer une pareille
quantité pour l'ensemble des cinq ans suivants. Tout
aliment bon pour l'homme, à part la viande et les
mets particulièrement délicats, ne valait plus rien ;
c'était comme au temps antique du grand jubilé
mosaïque. La seconde, la troisième et la quatrième
année, la production ne fut pas moindre [1].

*Le mal, certes, n'est pas vaincu ; les hommes n'ont
point échappé aux tentations ; on peut les voir déjà
retomber dans le désordre. Mais les signes se multi-
plient d'une Alliance nouvelle, et de l'influx juvénile
qu'elle communique à la création tout entière. Les
gages du pardon divin se situent évidemment à peu*

près tous dans l'ordre des événements spirituels. Ce sont des munitions toutes fraîches fournies à l'humanité pour l'aider dans sa grande aventure, la marche vers la Terre promise.

LA RÉFORME DE L'ÉGLISE

LES PRÉLATS RÉFORMATEURS

Tel apparaît d'abord le regain de pureté que la réforme introduit alors dans l'Eglise et, plus précisément, dans ses avant-gardes, c'est-à-dire dans les chapitres de chanoines, dans les communautés de clercs réunies autour de l'évêque, et, plus vigoureusement encore, dans l'institution monastique. Les entreprises réformatrices ont pris leur départ très tôt, bien avant l'An Mil. L'archevêque de Reims Adalbéron les soutenait déjà dans les années soixante-dix du Xe siècle :

Aux chanoines qui, vivant dans des maisons particulières, ne s'occupaient que de leurs affaires personnelles, il commanda de vivre en communauté. A la cathédrale, il adjoignit un cloître, où ils devaient résider et habiter ensemble, et aussi un dortoir pour reposer la nuit dans le silence, un réfectoire pour se restaurer à une table commune. Par règlement, il leur prescrivit de ne rien demander dans l'église, dans le temps de la prière, sinon par

signes, sauf en cas de nécessité pressante ; de prendre leur nourriture ensemble sans parler ; de chanter, après le repas, en action de grâces, les louanges
de Dieu ; de ne violer en rien le silence depuis la fin
des complies jusqu'aux laudes de matines ; et alors,
réveillés par la sonnerie de l'horloge, de rivaliser de
hâte pour s'acquitter des laudes. Avant l'heure de
primes, la liberté de quitter le cloître n'était accordée à personne, sauf à ceux qui vaquaient aux
affaires communes. Et pour que nul, par ignorance, ne laissât quelque chose dans ce qu'il avait
à faire, il leur enjoignit la récitation quotidienne
de la règle de saint Augustin et des décrets des
Pères.

Quant aux mœurs des moines, on ne saurait trop
dire la prédilection et le zèle qu'il montra à les
corriger et à les rendre distinctes des comportements
du siècle. Non seulement il veilla à ce qu'ils se fissent
remarquer par la dignité de leur vie religieuse, mais
encore il eut soin d'éviter leur amoindrissement en
accroissant leurs biens temporels. Tout en manifestant à tous son amour, il portait une particulière
affection aux moines de saint Remi, patron des
Francs. Il se rendit à Rome, désireux de faire établir
pour l'avenir la possession de leurs biens. Parce qu'il
était un homme noble, puissant, réputé de vie
excellente, il fut accueilli avec une grande révérence
par le pape Jean, de sainte mémoire.

Dans un synode il éleva une très grave plainte
contre la vie religieuse des moines : les règles
établies par les anciens étaient violées et déformées
par certains. En présence des évêques, il décida de

faire venir les abbés de différents lieux et de requérir leur conseil. Le temps et le lieu pour cela furent bientôt établis, et le synode se sépara.

Ce temps vint donc : les abbés venus de divers lieux se réunirent, desquels fut institué premier et primat Raoul, homme de sainte mémoire, abbé du monastère de Saint-Remi. Il présida et obtint la dignité d'être le premier ; les autres se disposèrent en cercle ; quant au métropolitain, il s'assit en face de lui sur sa chaire. A la demande du président et des autres pères, il prit la parole et prononça ces mots :

« Il importe, très saints pères, que les bons se réunissent, s'ils se préoccupent de recueillir les fruits de la vertu. Ils servent ainsi les bons et les voies honnêtes. En revanche, il est pernicieux que les mauvais se rassemblent pour rechercher et accomplir les choses défendues. C'est pourquoi je vous exhorte, vous que je vois réunis au nom de Dieu, à rechercher le meilleur, et je vous invite à ne rien entreprendre par mauvaiseté. Que l'amour du siècle et la haine n'aient pas leur place parmi vous, car ils énervent la justice et font étouffer l'équité. L'antique discipline de votre ordre a dévié de sa pureté traditionnelle, d'une manière excessive, le fait est notoire. Vous n'êtes même pas d'accord entre vous pour l'application de la règle, chacun voulant et pensant d'une manière différente. C'est pourquoi, jusqu'ici, votre sainteté a beaucoup pâti. Aussi ai-je jugé utile, puisque vous êtes réunis ici par la grâce de Dieu, de vous persuader de vouloir, de penser, d'agir ensemble, afin qu'une même volonté, une même pensée, une telle coopération ramènent la

vertu oubliée et expulsent avec vigueur l'ignominie
du vice[2].

QUE CHACUN RESTE DANS SON ORDRE

De même, en l'An Mil, l'Empereur Otton III :

A la suggestion du pape et de plusieurs autres
personnes soucieuses des intérêts de la religion dans
la maison de Dieu, il songea à chasser certains
moines de l'église Saint-Paul, qui n'avaient de
moines que le nom, vivant au reste fort mal. D'après
les mêmes conseils, il allait faire assurer le service
divin à leur place par des religieux d'une autre
institution, de ceux que nous nommons chanoines.
Et il se disposait à faire exécuter sa décision quand
lui apparut une nuit, en vision, le bienheureux
apôtre Paul, qui voulut bien adresser à l'empereur
ces avertissements :

« Si vraiment, dit-il, tu brûles du désir de faire ce
qui vaut le mieux pour le service de Dieu, veille à ne
point aller jusqu'à changer la règle de cette église en
en chassant ces moines. Il n'est nullement convenable à un ordre religieux, même s'il est partiellement
dépravé, de rejeter jamais ou de changer sa propre
règle. Chacun doit être jugé dans l'ordre où il s'est
au départ voué à servir Dieu. A chacun il est loisible
de s'amender, s'il est corrompu, mais que ce soit
dans le cadre choisi de sa propre vocation. »

Nanti de tels conseils, l'empereur répéta aux siens
ce que lui avait dit l'apôtre et donna ses soins à

essayer de réformer cette règle, c'est-à-dire celle des moines, et non pas à les chasser ou à les changer[3].

SAINT-VICTOR DE MARSEILLE

L'abbaye de Saint-Victor à Marseille avait été désertée au IXe et au Xe siècle, car, située hors des murailles, elle était trop exposée aux incursions des pirates sarrasins; sa fortune s'était fondue dans celle de l'évêché, laquelle s'incorporait à l'héritage des vicomtes de la ville. Vers 970, la communauté fut reconstituée et soumise à la règle de saint Benoît. L'évêque, en 1005, achève la réforme en exemptant le monastère, comme l'était celui de Cluny depuis sa fondation, de toute ingérence extérieure. Au XIe siècle, Saint-Victor devait devenir la tête d'une congrégation étendue depuis la Sardaigne jusqu'à la Catalogne.

Des pages de nos livres saints se dégage une certitude, à savoir qu'après l'avènement et la glorieuse ascension de notre Seigneur et sauveur, avant que le collège de ceux qui étaient à Jérusalem ne soit dispersé, et chacun de ses membres dirigé vers les différentes régions du monde pour, avec l'assistance de l'Esprit-Saint, prêcher la gloire de son nom et en propager la connaissance, la multitude des croyants n'était qu'un cœur et qu'une âme. Aucun de ceux qui possédaient quelque chose ne le disait sien. Tout était commun entre eux. Parmi eux personne n'était dans le besoin. Tous les propriétaires vendaient leurs champs ou leurs maisons et en apportaient le prix aux pieds des apôtres. Cet argent était partagé à chacun selon ses besoins [Actes des Apôtres, IV, 32-35]. Voilà pourquoi il y eut à Jérusalem une telle multitude de croyants, alors qu'aujourd'hui il est bien difficile d'en trouver, et si peu, dans les monastères.

Grâce à la prédication des apôtres, la nuque de toutes les nations fut soumise au joug du Seigneur, d'où ce nombre infini de croyants. Mais dès l'instant où les saints apôtres par la gloire du martyre quittèrent ce monde, cette sainte communion et institution apostolique commença à tiédir peu à peu. L'esprit de quelques-uns de ceux qui avaient reçu la doctrine des bienheureux apôtres s'enflammait. S'isolant, ils entreprirent d'habiter ensemble. On les appelle d'un mot grec, cénobites, qui désigne la vie en commun. Les monastères tirent de là leur origine.

Selon cette formule cénobitique, il y eut dans les frontières de notre pays, la Provence, un monastère célèbre, sis non loin des remparts de la cité de Marseille. Sanctifié par le corps du prestigieux martyr Victor, exalté par les nombreux dons et privilèges du glorieux empereur Charles [Magne], il demeura longtemps dans cette perfection, stable et régulier.

Après bien des années, comme cet excellent prince avait quitté le monde, et que le Dieu tout-puissant voulut châtier le peuple chrétien par le fléau des païens, les tribus barbares envahirent la Provence et se répandant partout, s'établirent puissamment ; habitant des lieux fortifiés, elles dévastèrent

tout, détruisant les églises et de nombreux monastères. Ainsi, des lieux autrefois opulents furent
réduits à l'état de ruines, et ce qui avait été habitat
humain devint repaire de bêtes.

Il arriva donc que ce monastère, qui avait été
autrefois le plus grand et le plus fameux de toute la
Provence, fut rasé et réduit à rien, jusqu'à ce que le
seigneur Guillaume et le seigneur Honorat, évêque
de ladite cité, et son frère le vicomte Guillaume, et
le fils de celui-ci, le seigneur Pons évêque, qui
succéda dans l'épiscopat à son oncle, missent la main
à sa restauration. Ces derniers non seulement rendirent au monastère quelque peu de ce qui lui avait
appartenu, mais encore lui firent largesse de leurs
propres possessions, pour le salut de leur âme, et,
ayant réuni là des moines, y ordonnèrent un abbé.

En conséquence, moi, Pons, par ordination divine
pontife de l'église de Marseille, enflammé du feu du
divin amour, et brûlant de ce même amour pour le
très glorieux et très précieux monseigneur, le très
bienheureux martyr Victor, afin que son monastère
où son corps saint et vénérable repose, demeure
pour les siècles à venir dans la stabilité, et intact sans
aucune interruption ou diminution, afin que notre
œuvre de donation, restitution et accroissement,
demeure indissoluble, ferme et stable pour toujours
(la nôtre aussi bien que celle de nos prédécesseurs
cités plus haut), en accord avec le seigneur Rodolphe, roi des Alamans et de Provence, en connivence
avec le seigneur apostolique [Jean XVIII] pape de la
ville de Rome et sur son ordre, de par la volonté du
seigneur comte Roubauld et de la dame comtesse

Adélaïs, du seigneur comte Guillaume leur fils, donnant leur consentement de la même façon le clergé et le peuple de la sainte église de Marseille, [moi, Pons], je fais dresser cette charte de roboration, de libéralité et de donation au Seigneur tout-puissant et à saint Victor son martyr, ainsi qu'aux abbés et aux moines, tant présents qu'à venir, afin qu'à dater de ce jour le monastère ne tombe sous la main de quelque homme que ce soit, sauf pour raison de défense, mais qu'il appartienne, comme il en va pour les autres monastères réguliers édifiés en l'honneur du Dieu tout-puissant et de ses saints, aux abbés et aux moines qui ont choisi de vivre selon la règle de saint Benoît et selon les saints canons.

Qu'aucun évêque, qu'aucune personne, appartenant à quelque ordre que ce soit, tant clerc que laïc, n'ose enlever au monastère ou aux abbés et aux moines, quelque possession ou terre que ce soit, que ce monastère possède présentement ou qu'il pourra acquérir plus tard. Ceci afin que abbés et moines, tant présents qu'à venir, puissent servir Dieu dans la paix et la sécurité, dans l'indépendance à l'égard de la volonté de tout homme, et qu'ils puissent offrir leurs prières pour nous tous, les fondateurs déjà nommés, ainsi que pour le salut de tous les chrétiens vivants et morts.

Que si une puissance ennemie venant à s'élever contre saint Victor et son monastère voulait attenter à notre œuvre et à cette institution fondée pour le remède de nos âmes, ou attaquer ce privilège que, selon le précepte royal et sur ordre de la puissance apostolique, ainsi que par toutes les autorités allé-guées plus haut, nous fixons par écrit, ou bien s'efforcer de rendre ce privilège non avenu et mensongère l'œuvre de nos mains, que ce soit un évêque, un abbé, ou qui que ce soit, par le seul fait qu'il voudrait détourner un don destiné au monas-tère, que celui-là soit anathème, *maranatha,* qu'il soit anathème, *maranatha,* qu'il soit anathème pour donner et anathème pour recevoir, c'est-à-dire, tant celui qui donne que celui qui reçoit, selon les sains canons. Et qu'il soit excommunié, et maudit, et dans l'abomination du Père et du Fils et du Saint-Esprit, et aussi de monseigneur le pape du siège apostolique et romain, et de tous les ordres de la sainte église catholique de Dieu, des évêques, des prêtres, des diacres et de tous ceux qui ont ce pouvoir de lier et de délier. Et qu'ils soient damnés dans le fond de l'enfer, avec Judas le traître, avec Arion et Sabel-lion, et avec tous les hérétiques et les infidèles de Dieu, tant ceux qui feront que ceux qui consentiront au fait.

A moi, Pons, évêque, et à mes frères, monsei-gneur Guillaume et monseigneur Foulque, il plaît aussi d'insérer ceci : de tout ce qui, de l'héritage de notre père ou de notre mère et de nos parents a été ou sera donné à ce monastère par notre père et par nos parents ou par nous, si quelque puissance, soit un évêque, soit une personne de quelque ordre que ce soit, voulait enlever ou prendre quelque chose à ce même monastère ou à ces mêmes abbés et moines, que sa revendication ne soit pas valable. Si cela était fait, que nos héritiers et successeurs aient libre puissance de reprendre et de récupérer ce que quiconque aura voulu enlever ou prendre.

L'abbé et les moines dudit monastère ont tout pouvoir d'interpeller en ce qui concerne les dispositions précédentes ceux qui voudraient attenter au présent acte écrit, devant toute curie royale ou devant le seigneur apostolique de Rome, et les forcer à payer une amende de cinq cents livres d'or, cet écrit demeurant dans sa forme précédente, à nouveau ferme et stable.

Cette charte a été écrite l'an de l'incarnation du Seigneur mil cinq, Rodolphe étant roi des Alamans et de Provence, et Jean par la grâce de Dieu pape du siège apostolique.

[Suivent les signatures de :] Roubauld, comte de Provence ; de Pons, évêque de Marseille ; d'Adélaïs, mère de Roubauld ; de son fils Guillaume ; de Guillaume, comte de Toulouse ; d'Ermengarde, femme du comte Roubauld ; de Garnier, abbé de Psalmodi ; de Guifred, qui bien qu'indigne est appelé abbé dudit monastère ; d'Archinricus, abbé de Montmajour ; de Rado, évêque ; d'Elmerad, évêque de Riez ; de Pons, archevêque d'Arles ; de Paton, abbé [de Saint-Gervais, à Fos-sur-Mer] ; de Déodat, André, Massilius [chanoines de Marseille], Ugo ; de Guillaume, de Lambert et de Radalde ; d'Amalric, archevêque d'Aix-en-Provence ; du seigneur Franco[4].

CLUNY

Toutefois, c'est alors dans Cluny, fleur en l'An Mil de l'ordre bénédictin, exemple de pureté, ferment de dynamisme, que jaillit avec le plus de vigueur la sève de régénération.

Enfin la règle [de saint Benoît], presque complètement tombée en désuétude, trouva, grâce à Dieu, pour reprendre une vigueur nouvelle et s'épanouir en de nombreux rameaux, un asile de sagesse, le monastère nommé Cluny. Cet établissement tire son nom de son site incliné et modeste, ou peut-être, ce qui lui conviendrait mieux encore, du mot *cluere,* car nous disons *cluere* pour « s'accroître ». Et en effet il s'est brillamment accru de jour en jour, grâce à des dons divers, depuis ses origines. Il fut primitivement construit par le père des moines du monastère de Baume, cité plus haut, qui se nommait Bernon, sur l'ordre de Guillaume, le très pieux duc d'Aquitaine, dans le comté de Mâcon, au bord de la petite rivière de la Grosne. Ce couvent, dit-on, ne reçut tout d'abord en dotation que la valeur de quinze exploitations paysannes ; et pourtant l'on rapporte que les frères qui s'y réunirent étaient douze. Cette semence de choix fit se multiplier une race innombrable qui, on le sait, a répandu l'armée du Seigneur sur une grande part de la terre. Ces hommes se sont sans cesse préoccupés de ce qui est de Dieu, c'est-à-dire des œuvres de justice et de miséricorde ; ils ont donc mérité d'être comblés de tous les biens ; et par surcroît ils ont laissé à la postérité un exemple digne d'être imité. Après Bernon, la direction de l'abbaye fut prise par le très savant Odon, homme plus religieux que quiconque qui était auparavant prévôt de l'église Saint-Martin de Tours, vraiment admirable par la sainteté de ses mœurs et de sa vie religieuse. Il mit tant de zèle à propager la règle que, de la province de Bénévent jusqu'à l'Océan, tous les monastères les plus considérables que comptaient l'Italie et la Gaule eurent le bonheur d'être soumis à son autorité. Après sa mort il fut remplacé par Aymard, homme simple, qui, sans être aussi fameux, ne fut pas un moins vigilant gardien du respect de la règle. Après lui on élut le saint et vénérable Maïeul, dont nous avons parlé plus haut, et qui désigna, pour lui succéder au gouvernement des moines, Odilon.

GUILLAUME DE VOLPIANO

La congrégation clunisienne fut effectivement construite par saint Odilon, abbé de Cluny à l'époque des millénaires. Près de lui agirent d'autres réformateurs, dont Guillaume de Volpiano, disciple de saint Maïeul, et abbé de saint Bénigne de Dijon, par qui la restauration de la pureté monastique fut propagée à la fois dans le pays lombard et en Normandie.

A la même époque brilla dans la réforme des maisons de Dieu le vénérable abbé Guillaume qui fut autrefois nommé par le bienheureux Maïeul abbé de l'église de saint Bénigne, martyr. Il fit aussitôt

réédifier les bâtiments de cette église de façon si
admirable qu'il eût été difficile d'en trouver d'aussi
beaux. Il ne se distinguait pas moins par la rigueur
avec laquelle il observait la règle, et il se montra en
son temps l'incomparable propagateur de son ordre.
Mais autant cela le faisait aimer des personnes
religieuses et pieuses, autant cela lui attirait les
dénigrements et la malveillance des fourbes et des
impies. Il était né en Italie, de parents d'un noble
lignage, mais il était plus noble encore par la science
élevée qu'il avait acquise. Dans le même territoire,
sur le domaine qu'il avait hérité de ses parents,
précédemment appelé Volpiano, il édifia un monastère rempli de toutes grâces, dont il changea lui-
même le nom, l'appelant Fruttuaria. Il l'enrichit de
bienfaits de toutes sortes et y mit un abbé qui était
en tous points son digne émule, nommé Jean.
Guillaume était d'un esprit aiguisé et d'une insigne
sagesse, ce qui lui valait d'être reçu dans les palais
des plus grands rois et des princes. Chaque fois
qu'un monastère se trouvait sans pasteur, aussitôt le
roi, le comte ou le prélat le priait instamment d'en
prendre la direction pour le réformer ; car on voyait
les monastères devenir florissants sous son patronage, grâce à sa richesse et à sa sainteté. Et lui-
même se portait garant que, si dans chacun de ces
lieux les moines observaient les prescriptions de la
règle, ils n'auraient jamais à manquer de rien. Ce
qui s'est clairement vérifié dans les lieux qui lui
furent confiés... Cluny se voit souvent réclamer de
divers pays des frères qui, ordonnés abbés, accrois-
sent de mille manières les intérêts du Seigneur. Mais
Guillaume, le père par qui ce chapitre a commencé,

l'emporte sur tous ceux qui sont sortis avant lui de ce lieu par le mal qu'il s'est donné et les résultats qu'il a obtenus en portant partout la semence de notre règle [5].

LES ÉGLISES NEUVES

Toutefois, ce n'est pas seulement l'esprit de l'Eglise qui, dans les épreuves purificatrices du millénaire, gagne une jeunesse nouvelle. Elle se rénove également dans son armature corporelle. Partout l'on se met à reconstruire les sanctuaires, à la faveur des aumônes qui affluent et de l'invisible accroissement des profits seigneuriaux.

REIMS

Déjà, au dernier quart du xe siècle, l'archevêque Adalbéron de Reims, le bon prélat que Richer propose en exemple,

... dans ses débuts (*en 976*), après son avènement, s'occupa beaucoup de construction dans son église. Il fit tomber entièrement les arcades dont les structures surélevées encombraient presque le quart de toute la basilique à partir de l'entrée de l'église. Toute l'église fut donc embellie à la fois par l'extension du vaisseau et par la plus grande dignité des structures. Il fit aussi placer, pour l'honneur qui lui était dû le corps de saint Calixte, pape et martyr, à l'entrée de l'église en un lieu plus élevé. Il consacra à cet endroit un autel. Il adjoignit un oratoire disposé très commodément pour prier Dieu. Il orna le maître-autel d'une croix d'or et disposa de part et d'autre des chancels étincelants.

Outre cela, il fit fabriquer un autel portatif d'un travail non moins soigné. Sur cet autel, où le prêtre se tient devant Dieu, se trouvaient les figures des quatre évangélistes, façonnées en or et en argent, établies dans chacun des angles. Chacune par ses ailes déployées masquait jusqu'au milieu les faces latérales de l'autel ; elles tendaient leur visage vers l'Agneau immaculé. Par là, il avait voulu copier l'arche de Salomon. Il fit aussi un candélabre à sept branches, lesquelles, sortant d'une seule tige, symbolisaient les sept dons de la grâce émanant tous d'un seul Esprit. Il décora, par un travail non moins élégant, la châsse où il enferma la verge et la manne, c'est-à-dire les reliques des saints. Pour l'honneur de l'église il suspendit aussi des couronnes, dont la ciselure ne fut pas peu coûteuse. Il l'éclaira par des fenêtres contenant diverses images et la fit résonner par le don de cloches retentissantes [6].

LA « BLANCHE ROBE »

En vérité, c'est d'un brusque surgissement de l'entreprise décorative, aussitôt après l'An Mil, que parle Raoul Glaber.

De la rénovation des basiliques dans le monde entier.

Comme approchait la troisième année qui suivit l'An Mil, on vit dans presque toute la terre, mais surtout en Italie et en Gaule, rénover les basiliques des églises ; bien que la plupart, fort bien construites, n'en eussent nul besoin, une émulation poussait chaque communauté chrétienne à en avoir une plus somptueuse que celle des autres. C'était comme si le monde lui-même se fût secoué et, dépouillant sa vétusté, ait revêtu de toutes parts une blanche robe d'église. Alors, presque toutes les églises des sièges épiscopaux, les sanctuaires monastiques dédiés aux divers saints, et même les petits oratoires des villages, furent reconstruits plus beaux par les fidèles.

Lorsque Glaber évoque cette « blanche robe », il n'use pas seulement d'une admirable métaphore. Il veut signifier que la chrétienté dépouille alors le vieil homme, adhère au parti du bien pour lutter contre les puissances de perversion, qu'elle s'apprête au nouveau baptême, qu'elle revêt la robe nuptiale pour s'approcher du banquet de son Roi. Cette même tunique blanche (celle qui signale dans les songes les apparitions bénéfiques), les vrais hommes de Dieu, ceux qui tracent les plans des nouvelles basiliques, la portaient eux-mêmes en ce temps :

SAINT-MARTIN DE TOURS

A cette époque, parmi les autres, le monastère de Saint-Martin de Tours se distingua ; le vénérable Hervé, qui en était trésorier, le fit démolir et eut le temps avant sa mort de le faire rebâtir d'une façon magnifique. La vie et la vocation religieuse de cet homme, depuis son enfance jusqu'au terme de sa vie terrestre, montreraient aux hommes d'aujourd'hui, si quelqu'un voulait bien écrire son histoire, une figure en tous points incomparable. Issu d'une noble famille de France, plus noble encore par son esprit, semblable à un lis ou à une rose parmi les épines, il tenait par le sang aux hommes les plus féroces du pays. Comme c'est l'usage pour les gens de la plus haute naissance, il reçut une éducation noble, puis étudia aux écoles les arts libéraux ; mais il comprit que la plupart puisent dans ces études plus d'orgueil que de docilité aux lois de Dieu, et crut suffisant pour sa part de tirer de là le salut de son âme. Il abandonna l'étude de ces vaines sciences et entra en secret dans un monastère où il demanda avec dévotion à être fait moine. Mais, comme nous l'avons dit, il appartenait à une famille illustre ; aussi, redoutant la colère de ses parents, les frères de ce monastère n'accédèrent en aucune façon à sa prière. Cependant, pour lui être agréable, ils lui promirent que, si sa parenté n'y mettait point d'obstacle par la force, ils feraient bien volontiers ce qu'il demandait. Pendant son séjour dans ce lieu, il donna par sa sainteté la preuve de ce qu'il deviendrait plus tard, et à tous ceux qui vivaient là il donna l'exemple de ce qu'il fallait faire. Mais quand son père fut mis au courant de sa conduite, saisi de fureur, il vint au couvent pour en retirer son fils ; cet enfant qui n'était occupé que des plus désirables des biens, il l'accabla de reproches, l'emmena de force avec lui jusqu'à la cour du roi, où il adjura le roi lui-même de détourner son esprit d'un tel projet en lui promettant de grands honneurs. Mais le roi Robert, en homme plein de piété et de religion, l'exhorta au contraire avec douceur à persévérer du même esprit dans un si bon propos, et le nomma sur l'heure trésorier de l'église Saint-Martin, comptant faire plus tard de lui un prélat exemplaire. Il essaya maintes fois dans la suite de mettre ce projet à exécution, mais se heurta toujours à un refus. Le saint homme, ainsi chargé malgré lui du soin d'une église, resta vêtu de la robe blanche et, vivant selon la règle des chanoines, conserva en tout l'état d'esprit et le genre de vie d'un moine. Portant toujours un cilice à même la peau, mortifiant son corps par un jeûne ininterrompu, avare pour lui, prodigue pour les pauvres, il observait assidûment les veilles et les prières.

Cet homme plein de Dieu conçut pour l'église dont on lui confié la garde le projet de la reconstruire de fond en comble plus vaste et plus haute. Sous l'inspiration du Saint-Esprit, il indiqua aux maçons l'endroit où il fallait jeter les fondations de cet ouvrage incomparable, qu'il mena lui-même, comme il l'avait souhaité, jusqu'à son achèvement.

ORLÉANS

Ceux qui voient se multiplier alors les chantiers et sortir de terre des bâtiments plus vastes, plus élevés, plus splendides, ne reconnaissent pas dans une telle floraison l'un des effets du premier progrès de l'économie rurale, d'une aisance qui peu à peu pénètre le corps de l'Occident, ni même de la multiplication des aumônes. Ils parlent encore de miracle :

A cette époque, l'évêque de cette ville était le vénérable Arnoul, homme aussi noble par sa race que par sa science, et très riche par les revenus de ses biens de famille. Devant le désastre qui frappait son siège et la désolation des peuples dont il avait la garde, il prit le plus sage parti : il fit de grands préparatifs et entreprit aussitôt de réédifier de fond en comble les bâtiments de la grande église, qui avait jadis été consacrée en l'honneur de la croix du Christ. Alors que lui et tous les siens poussaient activement l'ouvrage commencé afin de l'achever au plus tôt de façon magnifique, il fut favorisé d'un encouragement divin manifeste. Un jour que les maçons, pour choisir l'emplacement des fondations de la basilique, sondaient la solidité du sol, ils découvrirent un gros poids d'or. Ils le jugèrent certainement suffisant pour rénover tout l'œuvre de la basilique, bien qu'elle fût grande. Ils prirent cet or découvert par hasard et le portèrent tout entier à l'évêque. Celui-ci rendit grâces au Dieu tout-puissant pour le présent qu'il lui faisait, le prit et le

confia aux gardiens de l'œuvre, leur ordonnant de le
dépenser intégralement à la construction de l'église.
On dit que cet or était dû à la prévoyance de saint
Evurce, ancien prélat du même siège, qui l'aurait
enfoui là en prévision de cette reconstruction. L'idée
en serait surtout venue à ce saint homme de ce que,
à l'époque où lui-même réédifiait cette église, plus
belle que ce qu'elle n'était auparavant, il aurait
trouvé en ce même endroit un présent divin, préparé
pour lui. C'est ainsi que non seulement les bâtiments
de l'église, mais encore, sur le conseil de l'évêque,
les autres églises qui se détérioraient dans cette
même cité, les basiliques, dédiées à la mémoire de
différents saints, furent réédifiées plus belles que les
anciennes et le culte y fut rendu à Dieu mieux que
partout ailleurs ; la ville elle-même se regarnit bientôt de maisons, et le peuple, enfin purifié de sa
corruption avec l'aide de la clémence divine, se
ressaisit d'autant plus vite qu'il avait sagement
accueilli ses misères comme la punition de ses
fautes[7].

IV

MOISSON DE RELIQUES

Mais le signe le plus éclatant de la nouvelle alliance ne fut-il pas, au lendemain du millénaire, la découverte de nouvelles reliques ? L'Occident en était mal pourvu ; celles qu'il possédait paraissaient de qualité douteuse. Il se sentait, en ce domaine aussi, très démuni, tandis que dans les pays de la chrétienté orientale foisonnaient les débris sacrés. Voici que Dieu daignait tirer son peuple, enfin purifié, de cette indigence et lui fournir, en plus grande abondance, des armes si nécessaires dans la lutte contre les démons. De fait, les pèlerins qui, de plus en plus nombreux, allaient visiter les églises byzantines et celles qui continuaient de prospérer sous l'autorité des princes musulmans, rapportaient parfois de leur voyage des fragments de corps saints ; d'autres étaient fabriqués par des faussaires ; enfin, tout naturellement, les terrassements préparatoires aux reconstructions d'églises mettaient au jour des sarcophages inconnus. Mais pour Raoul Glaber, et pour tous les moines de son temps, ces reliques semblaient ressusciter de la terre, comme bientôt, à l'appel des trompettes, le feraient tous les défunts de l'humanité. Ils

attribuaient cette éclosion, dans le nouveau printemps
du monde, à l'infusion de la grâce divine.

De la découverte partout de saintes reliques.

Le monde entier, comme nous l'avons dit, se
trouvant revêtu de blanc par la rénovation des
basiliques, il advint ensuite, c'est-à-dire la huitième
année après le millénaire de l'incarnation du Sauveur, que divers indices permirent de découvrir,
dans des lieux où elles étaient restées longtemps
cachées, de nombreuses reliques de saints. Comme
si elles avaient attendu le moment de quelque
glorieuse résurrection, sur un signe de Dieu elles
furent livrées à la contemplation des fidèles, et
versèrent dans leur esprit un puissant réconfort. Il
est connu que ces découvertes commencèrent tout
d'abord dans une ville des Gaules, à Sens, dans
l'église du bienheureux martyr Etienne. L'archevêque de la ville était alors Lierri, qui découvrit là,
chose étonnante, des insignes des rites antiques :
parmi plusieurs autres objets qui étaient cachés, il
trouva, dit-on, un morceau du bâton de Moïse. A
l'annonce de cette chose, accoururent des fidèles,
non seulement des pays de Gaule, mais même de
presque toute l'Italie et des régions d'outre-mer ; et
il ne fut pas rare de voir des malades revenir de là
guéris par l'intercession des saints [8].

8

L'essor

De la croissance qui commence alors à saisir le corps de la chrétienté occidentale, les écrivains ne parlent guère. Les auteurs de chroniques et d'histoires n'ont pas senti que les hommes autour d'eux devenaient plus nombreux, mieux nourris. Des calamités qu'ils relatent, certaines traduisaient peut-être une instabilité propre à l'adolescence et les tensions d'un premier essor : ils n'ont pas su, ils n'ont pas voulu discerner en elles cette origine. Ils ne prirent pas non plus conscience des transformations que subissait la société de leur temps ; de l'irruption des formes féodales, ils n'aperçurent que les tumultes et les désordres auxquels les anciens cadres en se désagrégeant livraient passage, et ce schéma trop simple des trois « ordres » dont ils contribuèrent à fixer l'expression. Ils ne cessaient pas d'exalter, comme leurs prédécesseurs d'un plus haut Moyen Age, le bon Empereur, le bon roi et, maintenant vivantes de telles représentations mentales, ils consolidaient inconsciemment les assises d'une future renaissance de l'autorité monarchique. Ils n'ont guère aperçu que, dans l'ordre des réalités temporelles, le monde chan-

*geait autour d'eux. Changeait-il vraiment ? On est en
droit de se demander si le mouvement de l'évolution
politique, économique et sociale n'était pas, en vérité,
dans ces décennies, moins perceptible, et par conséquent moins vif, que nous autres, historiens, ne
sommes tentés de l'imaginer, en considérant des
phénomènes qui n'apparaissent pas de façon vraiment claire dans les documents avant la fin du
XIe siècle. La question mérite d'être posée. Mais il est
également permis de croire que nos témoins n'étaient
pas de fidèles observateurs du quotidien et du charnel. Ils ne regardaient pas le terre à terre. Ils portaient
leur regard plus haut.*

*Les symptômes de croissance qu'ils choisissent de
montrer concernent donc tous le sacré, les attitudes
religieuses. C'est-à-dire, à leurs yeux, les seules
modifications qui eussent quelque importance pour le
destin de l'homme, les seuls changements, en tout cas,
susceptibles de s'introduire, pour l'infléchir, dans le
courant de l'histoire, tel qu'ils le concevaient, aspiré
tout entier par l'imminence de la Parousie. Car pour
eux, le développement des forces productives ou le
transfert des pouvoirs de commandement n'étaient,
pour ainsi dire, que des épiphénomènes, en tout cas
des superstructures. Pour eux, ne l'oublions pas, les
vraies structures de l'histoire étaient spirituelles. Toutefois, les innovations dont ils font cas — et qui toutes
s'établissent dans les perspectives de l'eschatologie —
suffisent à nourrir leur espoir, un sentiment de
confiance dans l'irrésistible progrès du monde. Ces
hommes de Dieu croyaient en l'homme.*

I

PROPAGATION DE LA FOI

MISSIONNAIRES

Ils sentent, en premier lieu, l'essor de la chrétienté comme une dilatation, comme une conquête aux dépens de la mécréance (la fin des temps, qui s'approche, ne doit-elle pas être précédée par la réunion de toutes les nations autour de la croix?). A leur époque, c'est dans le Nord et dans l'Est que la foi continue de se propager, sur les avenues ouvertes par les évangélisateurs carolingiens. Le héros de la mission chrétienne est alors saint Adalbert, ami de l'empereur du millénaire.

[Otton III] avait avec lui deux prélats très vénérables, saint Adalbert, archevêque de la cité de Prague, sise en la province de Bohême, et saint Brunon, évêque de la cité d'Augsbourg en la province de Bavière, cousin de l'empereur. Saint Adalbert était de petite taille, saint Bruno de haute stature. Or, saint Adalbert, pendant un séjour à la cour de l'empereur, s'en allait tout seul par la nuit noire en la forêt, y chargeait du bois sur ses propres épaules, et, pieds nus, le rapportait dans sa demeure à l'insu de tous ; et il vendait ce bois pour se procurer des aliments. Au bout de longs jours, l'empereur l'apprit, et comme il tenait le prélat pour un saint homme, un jour qu'il causait avec lui comme de coutume, il lui dit en plaisantant :

« Un évêque de votre sorte devrait s'en aller évangéliser les peuples slaves. »

Aussitôt l'évêque, baisant les pieds de l'empereur, dit qu'il allait se mettre à l'œuvre et l'empereur ne réussit point à le détourner de ce dessein ; le prélat lui demanda de nommer à sa place dans la ville de Prague un autre archevêque qu'il choisirait lui-même, et l'empereur y consentit volontiers. Pour lui, après avoir préparé tout ce qu'il fallait, il s'en fut, pieds nus, en la province de Pologne, où personne n'avait encore entendu prononcer le nom du Christ, et il se mit à y prêcher l'Evangile.

Suivant son exemple, l'évêque Brunon demanda à l'empereur de faire consacrer à sa place sur son siège un évêque de son choix, nommé Ulric. Quand ce fut fait, à son tour il gagna avec humilité la province de Hongrie, celle que l'on appelle la Hongrie Blanche par opposition à l'autre, la Hongrie Noire, ainsi nommée parce que les gens y ont le teint foncé comme les nègres.

Saint Adalbert convertit à la foi du Christ quatre provinces encore prisonnières des antiques erreurs : la Pologne, la Slavonie, celles de Varsovie et de Cracovie. Après les avoir solidement établies dans la foi, il gagna la province des Pincenates pour leur prêcher le Seigneur. Ce peuple était farouchement attaché à ses idoles ; Adalbert était arrivé parmi eux depuis huit jours et avait commencé à leur annoncer le règne du Christ, quand, le neuvième jour, le trouvant prosterné en prières, ils le percèrent de leurs flèches de fer et firent de lui un martyr du Christ. Puis ils lui coupèrent la tête, noyèrent son corps dans un grand lac ; quant à la tête, ils la jetèrent aux bêtes dans un champ. Mais un ange du Seigneur la prit et la porta près du corps sur la rive opposée du lac ; la sainte dépouille resta là sur place, intacte et sans se décomposer, jusqu'au jour où des marchands passèrent par là en bateau. Ils enlevèrent ce trésor sacré et allèrent jusqu'en Slavonie. En l'apprenant, le roi des Slavons, nommé Boleslav, qu'avait baptisé Adalbert lui-même, leur fit de riches présents, reçut d'eux en grande pompe le corps et le chef, et bâtit en l'honneur du saint un grand sanctuaire ; ce martyr du Christ se mit à opérer force miracles. La passion de saint Adalbert avait eu lieu le vingt-quatrième jour d'avril, qui est le huitième des calendes de mai.

Quant à saint Brunon, il convertit à la fois la province de Hongrie, et une autre, qu'on nomme Russie. Il baptisa le roi de Hongrie, appelé Gouz, et changea son nom dans le baptême en celui d'Etienne. L'empereur Otton le reçut des fonts baptismaux le jour de la nativité du protomartyr Etienne et lui laissa la libre disposition de son royaume, lui donnant licence de porter en tous lieux la sainte lance, comme l'empereur lui-même a coutume de le faire ; il lui donna des clous de la croix du Seigneur et lui concéda la lance de saint Maurice pour s'en servir comme de la sienne.

Ce roi fit baptiser son fils par saint Brunon et lui donna le nom même qu'il avait reçu, Etienne. A cet Etienne, l'empereur Otton donna en mariage la sœur d'Henri, qui depuis fut empereur.

Cependant saint Brunon s'en fut chez les Pincenates, se mit à leur prêcher le Christ et fut martyrisé par eux comme l'avait été saint Adalbert. Ces Pincenates, possédés d'une fureur diabolique, lui tirèrent toutes les entrailles du ventre par un petit trou qu'ils lui ouvrirent dans le côté, et firent ainsi de lui un héroïque martyr du Christ. Les Russes rachetèrent son corps très cher et construisirent en son honneur un sanctuaire en Russie où il se mit à se signaler par d'éclatants miracles.

Peu après, un évêque grec vint en Russie, convertit l'autre moitié de cette province, qui était encore voué à l'idolâtrie, et fit adopter aux habitants le port de la barbe longue et autres coutumes grecques[1].

L'ÉVANGÉLISATION, LA CROIX ET LA SYMBOLIQUE COSMIQUE

Toutefois, les obstacles que rencontre l'évangélisation dans les régions du Midi posent un problème.

Voici un sujet digne de réflexion : si l'on a vu ce que nous rapportons des conversions de peuples infidèles à la foi du Christ se produire très fréquemment dans les régions de l'Aquilon et de l'Occident, en revanche on n'entendit parler de rien de tel dans aucune des contrées orientales et méridionales du monde. De ceci le vrai présage fut la position de la

croix du Seigneur, au moment où le Sauveur y
pendait attaché, sur le Calvaire : alors que derrière
le dos du Crucifié, c'était l'Orient et ses peuples
sanguinaires, devant ses yeux s'étendait l'Occident,
prêt à être inondé par la lumière de la foi ; et de
même, ce fut sa droite toute-puissante, tendue pour
l'office de pardon, que reçut le Septentrion, adouci
par sa foi dans la sainte parole ; alors que sa gauche
était réservée au Midi, bouillonnant de peuples
barbares. Pourtant, si nous avons brièvement évo-
qué ce saint présage, cela n'en laisse pas moins intact
ce consolant article de notre foi catholique selon
lequel, en tout lieu et en toute nation sans exception,
quiconque, régénéré par l'eau sainte, croit que le
Père tout-puissant, avec son fils Jésus-Christ, réunis
par l'Esprit-Saint, sont l'unique et vrai Dieu, sera,
pour peu que sa foi lui inspire une conduite droite,
agréé par le Seigneur, et, s'il persévère, vivra
bienheureux d'une vie éternelle. Et il appartient à
Dieu seul de connaître les raisons qui rendent le
genre humain plus ou moins apte à faire son salut
selon les différentes parties du monde ; mais notre
propos vise simplement à rappeler que, si les
contrées les plus reculées de ces deux parties du
monde, le Nord et l'Occident, ont été visitées par
l'Evangile du Seigneur Christ, qui a jeté parmi leurs
peuples de solides fondements de la sainte foi, en
revanche, dans les deux autres, l'Orient et le Midi, il
a fait moins de chemin et laissé les peuples plus
longtemps captifs de leurs erreurs barbares.

Mais pour que nul en cette matière ne profère une
calomnie sacrilège contre les dispositions pré-
voyantes de notre bon Créateur, il faut scruter avec

précaution le texte sacré des Ecritures ; ce texte fournit sans aucun doute une représentation du monde terrestre, dans laquelle la bonté ainsi que la justice du Créateur sont incontestablement démontrées, par ceux qui sont sauvés comme par ceux qui succombent. Car de même qu'au premier père des hommes, l'auteur de tout bien avait d'abord donné la liberté de faire ou non son salut, de même, devenu Rédempteur, il offre leur salut à tous les hommes en général, mais pour que chacun d'eux s'en saisisse spontanément. Mais les mystérieuses dispositions de ce Dieu pour qui toujours tout ce qui existe est présent à la fois, et à qui rien n'échappe, font voir en tous lieux, à travers tous les âges du temps, qu'il est le Tout-Puissant, seul bon et véridique, tant par les œuvres de sa clémence que par les sanctions vengeresses que lui dicte sa justice. Car bien loin que sa bonté essentielle fasse jamais défaut à l'œuvre de sa clémence, il ne cesse au contraire de réunir le plus grand nombre possible des fils de l'infidèle Adam dans le sein du Fils de sa divinité. Et quand cela s'accomplit chaque jour dans le monde, de quoi serait-ce la preuve, sinon de la bonté toujours active du Tout-Puissant, changeante, mais immuable, immuable quoique changeante[2] ?

LA GUERRE SAINTE

Du moins, si vers l'est et le sud, les prédicateurs du Christ se heurtent à de trop fortes épaisseurs d'incroyance, le jour commence à poindre où les guerriers d'Occident iront par l'épée forcer ces résistances. Dans la mutation de l'An Mil, l'esprit de croisade mûrit. La paix, puis la trêve de Dieu limitaient peu à peu l'exercice des armes au sein du peuple chrétien ; en 1054, il fut proclamé au concile de Narbonne : « Que nul chrétien ne tue un autre chrétien, car qui tue un chrétien répand sans aucun doute le sang du Christ. » Or, les chevaliers avaient reçu de Dieu lui-même la vocation de combattre. Où allaient-ils porter leurs coups ? Contre les infidèles. Il devient peu à peu clair que, dans le mouvement de purification où l'imminence de la fin des temps vient d'engager la chrétienté d'Occident, seule la guerre sainte est licite. Au peuple de Dieu qui s'avance vers la Terre promise, il importe d'avoir apaisé toutes ses discordes intestines ; il doit cheminer dans la paix. Mais à sa tête, le corps de ses guerriers ouvre sa marche ; il disperse par sa vaillance les sectateurs du Malin. Au lendemain du millénaire, la chevalerie d'Occident

résiste aux bandes de pillards qui sortent des pays
sarrasins ; elle les pourchasse ; elles les vainc et, dans
de tels succès, sauve son âme.

DÉFENSE DE NARBONNE

A cette époque, les Maures de Cordoue, passant
par la mer Gallique, abordèrent une nuit à l'impro-
viste, avec une flotte nombreuse, devant Narbonne ;
et, à la pointe du jour, ils se répandirent les armes à
la main tout autour de la ville ; à ce qu'eux-mêmes,
en captivité, nous ont raconté depuis, leur sortilège
leur avait promis que l'affaire se passerait bien et
qu'ils prendraient Narbonne. Mais les chrétiens, en
toute hâte, communièrent avec le corps et le sang de
Dieu qu'ils reçurent de leurs prêtres, et, prêts à la
mort, coururent sus aux Sarrasins ; ils remportèrent
la victoire, tuèrent les uns, retinrent les autres
captifs ainsi que leurs nefs et toutes sortes de
dépouilles ; ils vendirent leurs prisonniers ou les
réduisirent en servitude, et envoyèrent en présent à
saint Martial de Limoges vingt Maures d'une taille
gigantesque. L'abbé Geoffroi en garda deux comme
esclaves, et distribua les autres aux seigneurs étrangers qui de divers pays étaient venus à Limoges. Le
langage de ces hommes n'était nullement celui des
Sarrasins ; ils donnaient de la voix comme de jeunes
chiens, et avaient l'air d'aboyer[3].

OFFENSIVES EN ESPAGNE

Des combats des Sarrasins contre les chrétiens en Afrique.

Vers les mêmes temps, la perfidie des Sarrasins à l'égard du peuple chrétien reprit en Afrique [en fait, pour Glaber, l'Espagne appartient à l'Afrique] une vigueur nouvelle ; ils poursuivaient tous ceux qu'ils pouvaient trouver sur terre et sur mer, les écorchaient tout vifs, les massacraient ; et il y avait déjà longtemps que les tueries mutuelles faisaient rage et que les ruines s'accumulaient d'un côté comme de l'autre, quand enfin les deux partis se mirent d'accord pour que leurs armées se livrassent combat au plus tôt. L'ennemi, mettant une confiance présomptueuse dans la furieuse sauvagerie de sa multitude immense, se voyait d'avance vainqueur ; les nôtres, bien qu'en tout petit nombre, invoquaient le secours du Dieu tout-puissant, et espéraient fermement que l'intercession de sa mère Marie, du bienheureux prince des apôtres Pierre et de tous les saints leur vaudrait la victoire. Et ils mettaient surtout leur confiance dans le vœu qu'ils avaient contracté au moment d'engager le combat : si la puissante main du Seigneur leur accordait de l'emporter sur le peuple infidèle, tout ce qu'il leur serait donné de prendre à ces gens, en or, en argent et en autres parures, devait être également envoyé à Cluny, au prince des apôtres Pierre. Depuis longtemps déjà en effet, comme nous l'avons noté plus haut, de nombreux religieux de cette région qui avaient pris l'habit dans ce monastère avaient su attirer à ce saint lieu l'amour de toute la région. Que fallait-il de plus ? Le combat s'engagea ; il fut long et acharné. Les chrétiens cependant n'avaient subi aucune perte et apparaissaient déjà comme les vainqueurs, quand enfin une telle panique s'empara de l'armée des Sarrasins que, semblant oublier de se battre, ils tentent de prendre la fuite ; mais en vain ; ils s'embarrassent dans leurs propres armes, ou plutôt c'est la puissance de Dieu qui les cloue sur place ; l'armée des chrétiens cependant, rendue irrésistible par l'assistance divine, fait d'eux un tel carnage que, sur leur multitude innombrable, à peine quelques-uns purent se sauver. Motget, leur prince, dont le nom est une corruption de celui de Moïse, mourut, dit-on, dans ce combat. Le butin une fois rassemblé, les chrétiens en retirèrent un poids énorme de talents d'argent, n'oubliant pas le vœu qu'ils avaient fait à Dieu. C'est en effet la coutume des Sarrasins quand ils vont au combat de s'orner de force plaques d'argent ou d'or ; cette coutume, en l'occurrence, profita à la pieuse libéralité des nôtres. Ils envoyèrent sans tarder tout ce butin, comme ils en avaient fait le vœu, au monastère de Cluny. Le vénérable abbé du lieu, Odilon, en fit faire un magnifique baldaquin au-dessus de l'autel de saint Pierre. Quant à ce qui resta, il ordonna, par une libérale mesure très fameuse, de le distribuer, comme il convenait, aux pauvres, jusqu'au dernier denier. Cependant la turbulence des Sarrasins, matée, se calma pour le moment [4].

Le récit prend bientôt le ton des chansons de geste :

Puis les Normands, sous la conduite de Roger, s'en furent exterminer les païens d'Espagne, tuèrent d'innombrables Sarrasins et leur prirent maintes cités et châteaux. Dès son arrivée, Roger avait capturé quelques Sarrasins ; il en prenait un chaque jour et, en présence des autres, le découpait en morceaux comme un porc, leur en faisait apporter pour leur repas cuit dans des chaudrons, et feignait d'aller dans une autre maison manger avec ses compagnons la moitié qui restait. Après s'être ainsi fait voir de tous, il laissait évader, par une feinte négligence, le plus naïf, afin qu'il allât raconter ces horreurs aux Sarrasins. Morts de peur à cette idée, les Sarrasins de la proche Espagne et leur roi, Muset, demandent la paix à Ermessinde, comtesse de Barcelone, et s'engagent à payer un tribut annuel. Cette comtesse était veuve, et avait donné sa fille en mariage à Roger. La paix conclue avec ces ennemis, Roger alla porter la guerre dans l'intérieur de l'Espagne ; un jour, accompagné seulement de quarante chrétiens, il se heurte à une embuscade tendue par cinq cents Sarrasins d'élite ; il perdit dans le combat son frère naturel, chargea à trois reprises, abattit plus de cent ennemis, regagna ses positions avec les siens, et les Sarrasins n'osèrent plus le poursuivre dans sa fuite.

[...] Le roi de Navarre, Sanche, avec le concours des Gascons, mena une armée contre les Sarrasins, dévasta l'Espagne et rentra chargé de butin et de gloire. La même année (1027), le roi de Galice

Alfonse porta la désolation parmi les Sarrasins. Au moment où une cité d'Espagne allait se rendre à lui, alors qu'il avait déjà déposé les armes et donnait aux chrétiens, bouillants d'impatience sous les remparts, l'ordre de cesser le combat, une flèche lancée du haut des murs par ces mêmes ennemis qu'il songeait à épargner le frappa mortellement ; et ses troupes durent revenir sur leurs pas non sans grande douleur, en pleurant leur prince[5].

III

DIEU S'INCARNE

Or, les préludes de la croisade manifestent eux-mêmes un retournement d'attitude dont le siège est au cœur de la conscience religieuse et que l'on peut tenir pour l'un des faits essentiels de l'histoire mentale du Moyen Age, puisque par lui se modifia pour des siècles la tonalité du christianisme. Dans le temps du millénaire, c'est Dieu lui-même qui commence à changer de visage. Sous la toute-puissance inconnaissable du Père, l'humanité du Fils semble prendre peu à peu plus de présence et de proximité. La croix, l'Evangile, Jésus vivant enfin s'emparent, l'une après l'autre, des âmes pieuses.

Ainsi, dans les rites de l'Eglise, la place de la consécration eucharistique tendit, à cette époque même, à s'élargir. Ce qui n'alla pas sans soulever des problèmes : ce fut bien, en effet, à propos de la signification mystique de ces rites que se développèrent à la fois les plus aiguës des inquiétudes hérétiques, les premiers efforts de réflexion dialectique et, bientôt, autour de Béranger de Tours, les premières controverses de théologie.

PRODIGES EUCHARISTIQUES

Pour Raoul Glaber, les espèces eucharistiques appartiennent encore à l'univers de la magie : comme les reliques, comme la personne des rois, elles introduisent dans le quotidien de la vie une parcelle de sacré ; elles s'environnent de miracles et de prodiges ; bénéfiques ou maléfiques, selon qu'on en use avec elles, elles portent la bienveillance ou la colère du Tout-Puissant.

Le mystère de l'Eucharistie n'est certes transparent que pour un très petit nombre ; il est incompréhensible à presque tous les mortels, et de même toutes les autres choses qui relèvent de la foi et ne tombent pas sous le regard des yeux. Ceci surtout mérite qu'on en soit averti : on tient pour vivifiante la préparation du corps et du sang du Seigneur Jésus-Christ, et l'on se croit à l'abri de tout dommage et de tout péril de chute. Mais si le corps et le sang du Seigneur sont abandonnés et détruits par la négligence de ceux qui en ont le maniement, il ne reste à ceux-ci, à moins d'une prompte pénitence, qu'un jugement qui les condamne. Le Seigneur a dit : « Celui qui mange ma chair et boit mon sang possède la vie éternelle, et je le ressusciterai. » On ne doit pas croire pour cela qu'aucun animal, à part l'homme, doive participer à la résurrection de la chair ; et même, seul un véritable fidèle peut recevoir l'Eucharistie comme un instrument de son salut. Il y eut en notre temps un individu revêtu de l'habit des clercs, qui comparut en justice pour je ne sais quel crime ; il eut l'audace, au cours de l'instruction, de consommer ce don de l'Eucharistie, le calice du sang du Christ. Sur-le-champ, on vit sortir par le milieu de son ventre, immaculée, la part du saint sacrifice qu'il avait consommée, et qui certes fournit par là une évidente preuve de la culpabilité de celui qui l'avait reçu indignement ; aussitôt d'ailleurs il avoua le crime dont il s'était jusqu'alors défendu, et fit convenablement pénitence. Dans le comté de Chalon, nous avons rencontré des gens qui, à l'approche d'un désastre, avaient vu le pain consacré se transformer en véritable chair. A Dijon, à la même époque, une personne qui apportait l'Eucharistie à un malade la laissa tomber de ses mains ; tous ses efforts pour la retrouver furent vains. Au bout d'un an révolu, on la découvrit au bord du chemin public, en plein air, là où elle était tombée, aussi blanche et immaculée que si elle était tombée dans l'heure. Enfin, à Lyon, au monastère de l'Ile Barbe, quelqu'un s'étant, il faut croire, saisi indûment de la petite boîte, ou pyxide, dans laquelle on conservait l'Eucharistie selon l'usage, celle-ci s'arracha d'elle-même à ses mains et se tint longtemps dans les airs.

Quant au chrysmal, que certains appellent le corporal [*linge où l'on dépose l'hostie sur l'autel*], il a à maintes reprises prouvé sa vertu salutaire pourvu que l'on y eût recours avec une foi entière. Souvent, élevé au-devant des incendies, il les a contraints soit à s'éteindre, soit à rebrousser chemin, soit à se tourner d'un autre côté. Maintes fois il a guéri les membres douloureux des malades, cependant qu'imposé aux fiévreux, il les rendait à la vie. Au monastère de Moutiers-Saint-Jean, au temps du vénérable abbé Guillaume [de Volpiano], le malheur voulut qu'un incendie ravageât les environs du couvent. Les frères de ce lieu prirent le chrysmal et le dressèrent au bout de sa hampe devant les flammes de l'incendie aux sinistres lueurs. Aussitôt ce feu se replia sur lui-même et ne put s'étendre au-delà de ce qu'il avait déjà gagné. Cependant ce fanion du Seigneur, arraché à sa hampe par les souffles de l'air, vola sur une longueur d'environ deux milles et parvint à un village appelé Tivauche où il vint se poser sur une maison; on le poursuivit jusque-là et on le rapporta avec égards au monastère. Or il était arrivé le jour de Pâques de la même année, dans l'église adjacente au monastère et dédiée à saint Paul, que le calice plein du sang vivifiant, échappant aux mains d'un prêtre, était tombé par terre. Mais, dès que ledit abbé l'apprit, cet homme plein de sagesse ordonna à trois de ses moines de faire pénitence pour cette faute; il redoutait de voir par malheur la maladresse de ce sot prêtre entraîner avec celui-ci les siens dans un châtiment vengeur; ce qui n'aurait point manqué de se produire sans la prévoyance de cet homme avisé, comme le prouva l'événement. Nous avons raconté ce qui précède pour engager à croire fermement que, sur les lieux où il arrive à ce don sacré et vivifiant un accident dû à la négligence, le fléau de la vengeance divine tombe aussitôt; de même qu'en revanche, les lieux où il est traité avec égards seront comblés de tous les biens.

CLUNY ET LA MESSE

Cependant, l'une des innovations majeures des coutumes clunisiennes fut, vers l'An Mil, d'inciter les moines à devenir eux-mêmes prêtres, d'associer plus étroitement aux macérations et aux refus inhérents à la vocation monastique les fonctions sacrificielles du sacerdoce, et d'ordonner la vie des frères autour de la célébration eucharistique. Ainsi se trouvèrent renforcées les puissances rédemptrices du monastère : la communauté ne recueillait pas les grâces simplement par ses prières et par ses privations ; elle participait à la confection du corps et du sang du Christ ; elle travaillait à accroître dans le monde visible la part du sacré. Et cet ouvrage salutaire se trouvait à Cluny étroitement relié à la liturgie des morts. Ce fut en assumant les fonctions eucharistiques que les monastères, au seuil du XIe siècle, parvinrent à s'établir au cœur de la dévotion populaire et à l'emporter décidément sur les cathédrales.

Quant à la célébration de ce mystère magnifique, il y a déjà d'innombrables preuves des bienfaits qu'elle apporte aux âmes des fidèles défunts ; pourtant je veux présentement en faire connaître une entre tant d'autres de toutes sortes. Dans les contrées les plus reculées de l'Afrique vivait un anachorète, dont on disait qu'il avait passé vingt ans dans la retraite sans voir aucun homme. Il vivait du travail de ses mains et des racines des herbes. Un pauvre petit gars, citoyen de Marseille, un de ces gens qui parcourent les pays sans se lasser jamais d'apprendre ni de voir des lieux nouveaux, vint à passer par là. Entendant parler de cet anachorète, il affronta la solitude de cette région consumée par l'ardeur du soleil, et longtemps s'obstina à tenter la chance de le découvrir. A la fin le solitaire aperçut cet homme qui le cherchait, et lui cria de venir à lui. Et quand l'autre l'eut rejoint, il se mit à lui demander qui il était, d'où il venait, pourquoi il se rendait en ce lieu. L'homme lui répondit sans se faire prier que c'était son ardent désir de le voir qui l'avait amené jusque-là, et qu'il ne désirait rien d'autre. L'homme, nourri de la science de Dieu, dit alors :

« J'apprends que tu arrives de Gaule ; mais, je t'en prie, dis-moi si tu as jamais vu le monastère de Cluny qui se trouve dans ce pays ?

« Je l'ai vu, répond l'autre, et je le connais fort bien. »

Alors il lui dit :

« Sache que ce monastère n'a pas son pareil dans le monde romain, surtout pour délivrer les âmes qui sont tombées au pouvoir du démon. On immole dans ce lieu si fréquemment le sacrifice vivifiant, qu'il ne se passe presque pas de jour sans que, par une telle entremise, ne soient arrachées des âmes à la puissance des malins démons. »

Dans ce monastère en effet, nous en avons nous-même été témoin, un usage, rendu possible par le grand nombre de ses moines, voulait que l'on célébrât sans interruption des messes depuis la première heure du jour jusqu'à l'heure du repos ; et l'on y mettait tant de dignité, tant de piété, tant de vénération, qu'on eût cru voir plutôt des anges que des hommes[6].

LE ROI, DÉFENSEUR DU CHRIST

Oint du Seigneur, christophore, attentif à mimer les gestes de Jésus dans les cérémonies du temps pascal, le bon roi, celui dont Helgaud montre l'exemple en Robert le Pieux, intervient lui-même, puisqu'il est sacré, dans les discussions que suscite, à cette époque, le mystère de l'Eucharistie :

Un certain évêque n'avait pas une saine conception du Seigneur et cherchait pour certaines raisons une preuve de la présence réelle du corps de Notre Seigneur Jésus-Christ. Ce roi, épris de bonté, en fut indigné et lui adressa une lettre ainsi conçue : « Comme tu as renom de science sans que la lumière de la sagesse brille en toi, je me demande avec surprise comment, par un pouvoir injustement exercé et par la haine affreuse que tu nourris contre les serviteurs de Dieu, tu as cherché à mettre en question le corps et le sang du Seigneur ; et pourquoi, alors que le prêtre, en les conférant, dit : " Que le corps de Notre Seigneur Jésus-Christ soit le salut de ton âme et de ton corps ", toi, d'une bouche téméraire et souillée, tu dis : " Reçois-le, si tu en es digne ", alors qu'il n'est personne qui en soit digne. Pourquoi attribues-tu à la divinité les faiblesses du corps, et joins-tu à la nature les infirmités de la douleur humaine ? »

*Le souverain se fait ainsi le gardien du corps et du
sang du Christ et l'ordonnateur des liturgies, où l'on
voit reparaître le symbolisme de la robe blanche.*

Ce serviteur de Dieu, blotti dans le sein de notre
mère l'Eglise, se fit le vaillant protecteur du corps et
du sang du Seigneur, ainsi que des vases qui le
contiennent. Il ordonnait absolument tout, jusqu'au
bout des ongles, si bien que Dieu semblait être
accueilli non point paré de la gloire d'un autre mais
bien dans la gloire même de sa propre majesté. Il
apportait toute sa dévotion, il mettait son constant
souci à ce que ce fût par un ministre au cœur pur et
vêtu de blanc que Dieu fût immolé pour les fautes du
monde entier. Les offices du culte faisaient ses
délices et, sur terre, il vivait déjà dans les cieux. Il
mettait son contentement dans les reliques des
saints, qu'il faisait revêtir d'or et d'argent, dans les
vêtements blancs, dans les ornements sacerdotaux,
dans les croix précieuses, les calices d'or fin, les
encensoirs où brûle un encens de choix, les vaisseaux
d'argent servant aux ablutions du prêtre [7].

IV

LA CROIX

Le prélat que tança Robert le Pieux (c'était sans doute l'archevêque de Sens Lierri), était-il lui-même gagné par la doctrine des « manichéens » que le roi fit brûler à Orléans ? Ceux-ci en effet s'interrogeaient plus anxieusement que personne sur les vertus de l'eucharistie. Dans le même temps, on l'a vu plus haut, d'autres hérétiques brisaient les crucifix. Car la croix, pour eux, était le symbole de toutes les innovations et de la nouvelle inquiétude. Et, de fait, en l'An Mil, la première irruption de l'humanité de Dieu dans les représentations religieuses ne cessait d'étendre le rôle tenu par la croix dans les cérémonies et parmi les rites.

Les croix dont parle Raoul Glaber sont encore à la fois les emblèmes de la victoire cosmique du Dieu Sauveur et des objets magiques par qui les avertissements de l'au-delà se manifestent :

L'an de l'incarnation neuf cent quatre-vingt-huit, se produisit en la ville d'Orléans en Gaule, un prodige aussi mémorable que terrifiant. Il existe en cette ville un monastère fondé en l'honneur du

prince des Apôtres, dans lequel on sait qu'à l'origine
une communauté de vierges consacrées assurait le
service du Dieu tout-puissant, et qui depuis lors est
connu sous le nom de Saint-Pierre-le-Puellier. Au
milieu de ce monastère était planté l'étendard vénérable de la croix, qui offrait l'image du Sauveur
endurant pour le salut des hommes les tourments de
la mort ; or, des yeux de cette image, pendant
plusieurs jours sans discontinuer, de nombreux
témoins purent voir jaillir un ruisseau de larmes ; ce
spectacle effrayant provoqua naturellement un
grand concours de peuple. Beaucoup cependant, à y
regarder de près, y virent le présage envoyé par
Dieu de quelque calamité prête à s'abattre sur la
ville. Comme en effet on nous montre ce même
Sauveur, instruit par sa prescience de l'imminente
ruine de Jérusalem, pleurant sur cette ville, ainsi
c'est certainement la menace pesant sur Orléans
d'un désastre prochain qui lui arrachait les larmes
versées par son image visible. Il se produisit peu de
temps après dans la même ville un fait inouï où l'on
vit le même présage. Une nuit que les gardiens de la
grande église, c'est-à-dire de la cathédrale [dédiée à
la sainte Croix], venaient comme de coutume de se
lever et d'ouvrir les portes du saint lieu à ceux qui se
rendaient à matines, soudain apparaît un loup qui
entre dans l'église, saisit dans sa gueule la corde de
la cloche, la secoue et se met à sonner. Ceux qui
étaient là, saisis de stupeur, poussèrent enfin de
grands cris et, sans armes, le jetèrent ainsi hors de
l'église. L'année suivante, toutes les habitations de
la ville ainsi que les bâtiments d'églises furent la
proie d'un terrible incendie. Et nul ne douta que cet

événement désastreux n'eût été annoncé à la fois par les deux prodiges[8].

Mais dans les écrits d'Adémar de Chabannes, la croix prend une autre signification. Lui-même en vit une nuit l'image dans le ciel, chargée de la souffrance de Dieu. Il rapporte que le comte Guillaume d'Angoulême, dans son agonie, baisait sans cesse le bois de la Croix. Ce seigneur revenait du Saint Sépulcre. Rapportait-il de la Terre Sainte une dévotion plus forte envers les insignes de la Passion?

[*En 1017*], Gui, vicomte de Limoges, et son frère l'évêque Audouin, étaient revenus sans encombre de Jérusalem. Le sépulcre de saint Cybard se mit alors à se signaler par des miracles d'une fréquence insolite. Foucher, abbé de Charroux, eut en même temps que ses moines une vision leur enjoignant sans doute possible d'apporter le saint bois de la croix auprès du tombeau du bienheureux Cybard. Cela se fit au cours d'une réunion solennelle et, sous la direction de l'abbé d'Angoulême Renaut, le saint bois fut transporté dans la basilique Saint-Cybard le jour de la fête du saint, premier du mois de juillet; et quand on eut achevé d'exécuter l'ordre donné par la clémence divine, les moines de Charroux prirent congé de leurs frères d'Angoulême et se retirèrent honorablement avec le saint bois.

Il est établi que ce bois provient bien de la croix du Seigneur; c'est le patriarche de Jérusalem qui l'avait envoyé à Charlemagne, et l'empereur le déposa en cette même basilique qu'avait fondée Roger, comte de Limoges, en l'honneur du Sauveur[9].

Tandis qu'à Saint-Benoît-sur-Loire et à Saint-Martial-de-Limoges, les religieux jugeaient bon, pendant la semaine sainte, d'insérer dans la liturgie, à l'intention de l'assistance laïque, l'ébauche d'une représentation et d'un dialogue qui sont à l'origine du théâtre européen et qui rendaient visible à tous le drame de la Passion, tandis que de plus en plus nombreux les jeunes chevaliers, coureurs d'aventures, allaient porter au-devant des infidèles l'insigne triomphal de la croix, à l'heure où l'Empereur Otton III faisait ouvrir le tombeau de Charlemagne et en retirait la croix d'or du défunt pour s'en parer lui-même et où, proliférante, la légende carolingienne s'entremêlait aux premières expressions de l'esprit de croisade, la chrétienté d'Occident, hantée par la Jérusalem de ses rêves, découvrait la Jérusalem terrestre, et par elle Jésus vivant.

Jean, neveu de Guillaume de Volpiano, son disciple, et pour cela compagnon de Raoul Glaber, avant de devenir en 1028 abbé de Fécamp, introduit dans sa Confession théologique *cette méditation sur le Christ :*

Il a été circoncis pour nous couper des vices de la chair, — présenté au temple pour nous amener au Père purs et sanctifiés — baptisé pour nous laver de nos crimes — pauvre pour nous faire riches, et faible pour nous rendre forts — tenté pour nous protéger des attaques diaboliques — capturé pour nous délivrer du pouvoir de l'Ennemi — vendu pour nous racheter par son sang — dépouillé pour nous vêtir du manteau d'immortalité — moqué pour nous soustraire aux sarcasmes démoniaques — couronné d'épines pour nous arracher aux ronces de la malédiction originelle — humilié pour nous exalter — élevé en croix pour nous attirer vers lui — abreuvé de fiel et de vinaigre pour nous introduire dans les terres de la joie sans fin — sacrifié en agneau sans tache sur l'autel de la croix pour porter les péchés du monde [10].

Cette pensée n'est pas rationnelle ; elle chemine selon les voies de l'exégèse et des méditations claustrales, au fil des analogies, des associations de mots, en quête de correspondances et de résonances verbales. L'important est qu'elle s'attache à la passion de Jésus. Inaugurant en l'An Mil sa marche vers le Saint Sépulcre, la chrétienté d'Occident croyait, derrière le Christ, s'avancer vers le Royaume. Elle commençait en fait la conquête du monde visible.

Comme l'hérésie, comme l'élan qui conduit à la croisade, comme les premiers exercices de la raison face au mystère, le retournement de la vie intérieure vers les symboles évangéliques traduit en fait ce premier départ. Il émane du même ébranlement qui stimule alors les premières recherches des constructeurs romans, qui révèle les structures de la société nouvelle, ces trois « ordres », ces trois « états », entre lesquels les hommes d'Europe devaient ensuite se juger répartis pendant presque tout le nouveau millénaire. Ce fut bien à cet instant, dans l'attente de la fin du monde, que s'opéra la conversion radicale des valeurs du christianisme. L'humanité est encore prosternée devant un Dieu terrible, magique et vengeur

qui la domine et qui l'écrase. Mais elle entreprend de
se forger l'image d'un Dieu fait homme, qui lui
ressemble davantage et qu'elle osera bientôt regarder
en face. Elle s'engage dans le long chemin libérateur
qui débouche d'abord sur la cathédrale gothique, sur
la théologie de Thomas d'Aquin, sur François d'As-
sise, puis qui poursuit vers toutes les formes d'humanisme, vers tous les progrès scientifiques, politiques et
sociaux, pour porter enfin, si l'on y réfléchit, les
valeurs actuellement maîtresses de notre culture.

Dans l'histoire des attitudes mentales, où j'ai situé
presque toutes mes remarques et en fonction de quoi
tous ces textes ont été choisis et disposés, que signifie
en vérité l'An Mil de l'incarnation et de la rédemption? L'amorce d'un tournant majeur, le passage
d'une religion rituelle et liturgique — celle de Charlemagne, celle encore de Cluny — à une religion
d'action et qui s'incarne, celle des pèlerins de Rome,
de Saint-Jacques et du Saint Sépulcre, celle bientôt
des croisés. Au sein des terreurs et des fantasmes, une
toute première perception de ce qu'est la dignité de
l'homme. Ici, dans cette nuit, dans cette indigence
tragique et dans cette sauvagerie, commencent, pour
des siècles, les victoires de la pensée d'Europe.

BIBLIOGRAPHIE

LES TEXTES

Adalbéron de Laon

Hückel (G. A.) « Les poèmes satiriques d'Adalbéron »,
dans *Bibliothèque de la Faculté des Lettres de Paris*,
tome XIII, *Mélanges d'Histoire du Moyen Age,* Paris,
1901 (édition et traduction).

Adémar de Chabannes

*Chronique publiée d'après les manuscrits par Jules Chava-
non* (Collection de textes pour servir à l'étude et à
l'enseignement de l'histoire), Paris, 1897.

Gerbert

Barthélemy (E. de), *Gerbert, étude sur sa vie et ses
ouvrages, suivie de la traduction de ses lettres,* Paris,
1868.

Helgaud de Fleury

*Vie de Robert le Pieux. Epitoma vitae regis Roberti pii,
texte édité, traduit et annoté par Robert-Henri Bautier et
Gilette Labory* (Sources d'Histoire médiévale publiées
par l'Institut de recherches et d'histoires des textes),
Paris, 1965.

Miracles de saint Benoît

Les Miracles de saint Benoît écrits par Adreval, Aimoin,
  André, Raoul Tortaire et Hugues de Sainte-Maure,
  moines de Fleury, réunis et publiés par E. de Certain
  (Société de l'histoire de France), Paris, 1858.

Miracles de sainte Foy

Liber Miraculorum sancte Fidis, publié par A. Bouillet
  (Collection de textes pour servir à l'étude et à l'enseignement de l'histoire), Paris, 1897.

Raoul Glaber

Raoul Glaber. Les cinq livres de ses histoires (900-1044),
  publiés par Maurice Prou (Collection de textes pour
  servir à l'étude et à l'enseignement de l'histoire), Paris,
  1886.

Richer

Richer. Histoire de France (888-995) éditée et traduite par
  Robert Latouche (« Les classiques de l'histoire de
  France au Moyen Age »), tome II, 954-995, Paris, 1937.

E. Pognon dans l'*An Mille* (Paris, 1947), a donné
d'Adalbéron, d'Adémar de Chabannes, d'Helgaud et de
Raoul Glaber, une traduction très utile dont je me suis
beaucoup servi.

BRÈVE ORIENTATION DE LECTURE :

Sur l'An Mil :
Focillon (H.), *L'An Mil,* Paris, 1952.
L'an mille, Paris, (1947), introduction par Pognon (E.).
Bloch (M.), *La société féodale.* (« Evolution de l'Huma-
nité », 34 et 34 *bis*), Paris, 1939-1940.

Pour replacer l'époque dans l'histoire de l'Occident médiéval :

Le Goff (J.), *La civilisation de l'Occident médiéval* (« Les grandes civilisations »), Paris, 1964.

Duby (G.), *Guerriers et Paysans. Essai sur la première croissance économique de l'Europe*, Paris, 1973.

Duby (G.), *Histoire de France. Le Moyen Âge*, Paris, 1987.

Religion et culture autour de l'An Mil.

Royaume capétien et Lotharingie, Paris, 1990.

La Catalogne et la France méridionale autour de l'An Mil, Barcelone, 1991.

Le roi de France et son royaume autour de l'An Mil, Paris, 1992.

CHRONOLOGIE

	FAITS POLITIQUES	FAITS CULTURELS
981		Consécration de la seconde abbatiale de Cluny
983	Avènement de Otton III	
985	Baptême du roi des Hongrois	
987	Election de Hugues Capet. Victoires d'Al Mançour en Espagne	
989	Premières institutions de paix au concile de Charroux	
990		Construction du porche de Saint-Germain-des-Prés
991	Grande invasion danoise en Angleterre	
994		Donjon de Langeais
996	Robert le Pieux seul roi de France	Début de la construction de l'église de Romainmôtier

FAITS POLITIQUES	FAITS CULTURELS
997 Al-Mançour saccage Saint-Jacques-de-Compostelle	Début de la construction de l'église Saint-Martin de Tours
998	Evangéliaire d'Otton III (Reichenau)
999 Otton III établit sa capitale à Rome	
Gerbert devient pape sous le nom de Sylvestre II	
1001 Le pape couronne Etienne roi de Hongrie	
1002 Henri II roi d'Allemagne	
1005	Mort de l'ermite italien saint Nil
1006	Début de la construction du narthex de Tournus
1007	Guillaume de Volpiano entreprend la construction de la rotonde de Saint-Bénigne de Dijon
1009 Les chrétiens d'Espagne entrent à Cordoue. Le calife Hakim détruit le Saint Sépulcre	Nef voûtée de Saint-Martin du Canigou
1011 Attaque sarrasine à Pise	
1012	Saint Romuald fonde l'ordre des Camaldules

	FAITS POLITIQUES	FAITS CULTURELS
1014	Couronnement impérial de Henri II	
1019	Knut roi d'Angleterre et de Danemark	
1021		Linteau sculpté de Saint-Genis-des-Fontaines
1022		Bûcher d'hérétiques à Orléans
1024	Insurrection du peuple de Pavie	
1026		Pèlerinage de Knut à Rome. Début de la construction du porche de Saint-Benoît-sur-Loire
1027	Couronnement impérial de Conrad II	
1031	Henri Ier seul roi de France	Dédicace de Sainte-Marie-de-Ripoll
1032	Le royaume de Bourgogne est réuni à l'Empire	
1033		Consécration de Saint-Michel de Hildesheim
1039		Congrégation des chanoines de Saint-Ruf

RÉFÉRENCES

Les témoins.

1. Raoul Glaber, *Hist.*, prologue.

2. Edition A. Vidier, dans l'*Historiographie à Saint-Benoît-sur-Loire et les miracles de saint Benoît*, Paris, 1965.

3. Edition dans les *Monumenta Germaniae historica*, au tome III des *Scriptores*, p. 173-185.

4. Edition dans les *Monumenta Germaniae historica*, au tome III des *Scriptores*, p. 78-86.

5. Edition dans les *Monumenta Germaniae historica* au tome VII des *Scriptores*, p. 79-133.

6. Edition dans les *Monumenta Germaniae historica* au tome III des *Scriptores*, p. 798-871.

7. Edition dans la *Collection de textes pour servir à l'étude et à l'enseignement de l'histoire*, Paris, 1897.

8. Les *Miracles de saint Benoît, écrits par Adrevald, Aimoin, André, Raoul Tortaire et Hugues de Sainte-Maure, moines de Fleury* ont été édités en 1858 par la Société de l'histoire de France. Ce texte est critiqué par A. Vidier, l'*Historiographie à Saint-Benoît-sur-Loire et les miracles de saint Benoît*, Paris, 1965.

9. Edition dans la *Collection de textes pour servir à l'étude et à l'enseignement de l'histoire*, Paris, 1897.

10. Edition dans les *Classiques de l'histoire de France au moyen âge*, vol. 12 et 17.

11. Edition dans la *Collection des textes pour servir à l'étude et à l'enseignement de l'histoire*, Paris, 1896.

12. Raoul Glaber, *Hist.*, I, 1.

13. *Id. ibid.*, II, 1.

14. Adémar de Chabannes, *Chroniques*, III, 41 et 54.

1. *Le sens de l'Histoire.*

1. Adémar de Chabannes, *Chron.*, III, 31.

2. *Liber Apologeticus*, édité par Migne, *Patrologie latine*, tome CXXXIX, vol. 461.

3. Raoul Glaber, *Hist.*, I, 26.

4. *Id., ibid.*, IV, 1.

5. *Id., ibid.*, I, 26.

6. *Id., ibid.*, I, 25.

2. *Les mécanismes mentaux.*

1. Richer, *Hist.*, IV, 42-45.

2. *Id., ibid.*, IV, 50.

3. Gerber, *Lettres*, 44 et 130.

4. Richer, *Hist.*, III, 45, 46-47, 49-54.

5. Raoul Glaber, *Hist.*, II, 23.

6. *Id., ibid.*, III, 28-30.

7. *Id., ibid.*, V, 10-11.

3. *Le visible et l'invisible.*

1. Raoul Glaber, *Hist.*, I, 2-3.

2. Adalbéron, édition Hückel, p. 148-156.

3. Raoul Glaber, *Hist.*, II, 9.

4. Helgaud, 11 et 12.

5. Adémar de Chabannes, *Chron.*, III, 43.
6. *Id., ibid.*, III, 56 et 49.
7. Raoul Glaber, *Hist.*, I, 4.
8. *Id., ibid.*, IV, 3.
9. *Miracles de sainte Foy*, I, 13.
10. *Ibid.*, I, 19.
11. *Ibid.*, I, 4.
12. *Ibid.*, I, 3 et 7.
13. *Miracles de saint Benoît*, III, 13.

4. *Les prodiges du Millénaire.*

1. Raoul Glaber, *Hist.*, III, 3.
2. Adémar de Chabannes, *Chron.*, III, 58.
3. Raoul Glaber, *Hist.*, IV, 9.
4. Adémar de Chabannes, *Chron.*, III, 62.
5. Raoul Glaber, *Hist.*, II, 2, V, 1 et II, 7.
6. Adémar de Chabannes, *Chron.*, III, 35.
7. Raoul Glaber, *Hist.*, IV, 4-5, II, 7, II, 11.
8. Adémar de Chabannes, *Chron.*, 49 et 59.
9. Raoul Glaber, *Hist.*, III, 8 et III, 7.
10. Adémar de Chabannes, *Chron.*, III, 46-47.

5. *Interprétation.*

1. Raoul Glaber, *Hist.*, V, 1.

6. *La purification.*

1. Raoul Glaber, *Hist.*, III, 5.
2. Adémar de Chabannes, *Chron.*, III, 52 et 35.
3. Raoul Glaber, *Hist.*, III, 8.
4. Adémar de Chabannes, *Chron.*, III, 66.

5. Helgaud, 17, 21, 22, 23, 27, 29.

6. Cartulaire de l'Abbaye de Saint-Victor de Marseille, édité par B. Guérard, dans la *Collection des Cartulaires de France*, tome VIII, Paris, 1857, volume I, p. 99-100.

7. Raoul Glaber, *Hist.*, IV, 5.

8. Publié par Ch. Pfister, *Etudes sur le règne de Robert le Pieux*, Paris, 1885, p. LX-LXI.

9. Raoul Glaber, *Hist.*, V, I.

10. *Id., ibid.*, III, 1.

11. Adémar de Chabannes, *Chron.*, III, 68.

12. Raoul Glaber, *Hist.*, IV, 6.

7. *Nouvelle Alliance.*

1. Raoul Glaber, *Hist.*, IV, 5.

2. Richer, *Hist.*, III, 24-25 et 31-33.

3. Raoul Glaber, *Hist.*, I, 4.

4. Cartulaire de l'Abbaye de Saint-Victor de Marseille, édité par B. Guérard, dans la *Collection des Cartulaires de France*, tome VIII, Paris, 1857, vol. I, p. 18-22.

5. Raoul Glaber, *Hist.*, III, 5.

6. Richer, *Hist.*, III, 22-23.

7. Raoul Glaber, *Hist.*, III, 4 et II, 5.

8. *Id., ibid.*, III, 5.

8. *L'essor.*

1. Adémar de Chabannes, *Chron.*, III, 31.

2. Raoul Glaber, *Hist.*, I, 5.

3. Adémar de Chabannes, *Chron.*, III, 52.

4. Raoul Glaber, *Hist.*, IV, 7.

5. Adémar de Chabannes, *Chron.*, IV, 55 et 69.

6. Raoul Glaber, *Hist.*, V, 1.

7. Helgaud, 6 et 7.

8. Raoul Glaber, *Hist.*, II, 5.

9. Adémar de Chabannes, *Chron.*, III, 40.

10. J. Leclerc et J.-P. Bonnes « Un maître de la vie spirituelle au xie siècle, Jean de Fécamp », dans *Etudes de théologie et d'histoire de la spiritualité*, Paris, 1946. Confession théologique, II, 13.

DU MÊME AUTEUR

Aux Éditions Gallimard

DES SOCIÉTÉS MÉDIÉVALES. Leçon inaugurale au Collège de France prononcée le 4.12.70, 1971.

GUERRIERS ET PAYSANS, VIIᵉ-XXᵉ siècles. Premier essor de l'économie européenne, 1973 (Tel nº 24).

LE DIMANCHE DE BOUVINES, 27 juillet 1214, 1973 (Folio Histoire nº 1).

LES PROCÈS DE JEANNE D'ARC, 1973 (Archives nº 50).

LE TEMPS DES CATHÉDRALES. L'art et la société 980-1420, 1978.

LES TROIS ORDRES OU L'IMAGINAIRE DU FÉODA-LISME, 1978.

GUILLAUME LE MARÉCHAL OU LE MEILLEUR CHE-VALIER DU MONDE, 1986 (Folio Histoire nº 11).

DISCOURS DE RÉCEPTION DE GEORGES DUBY À L'ACADÉMIE FRANÇAISE ET RÉPONSE D'ALAIN PEY-REFITTE. Allocutions prononcées à l'occasion de la remise de l'épée, 1988.

Composition Bussière
et impression S.E.P.C.
à Saint-Amand (Cher), 4 avril 1993.
Dépôt légal : avril 1993.
Numéro d'imprimeur : 363-273.
ISBN 2-07-032774-4./Imprimé en France.